ちくま学芸文庫

ナチズムの美学

キッチュと死についての考察

ソール・フリードレンダー

田中正人 訳

JN095709

筑摩書房

【目次】ナチズムの美学――キッチュと死についての考察

諸君、一〇〇年もしないうちに天然色映画がもう一本製作されて、われわれが切り抜けねばならないすさまじい時代を描くことになるだろう。諸君は、一〇〇年以内に諸君を再現してくれるその映画の中で、なんらかの役割を演じたいとは思わないか？　今日では、一〇〇年後になりたいと願う配役を選択しうるチャンスを誰しもがもっている。諸君に請け合うことができるのだが、その映画は頑張り続けるに値する、人の心を高揚させる見事な大作となるだろう。頑張ってくれたまえ！

一九四四年、映画『コルベルク』※にかんして、ゲッベルス。※※

※　一九四五年一月三〇日封切。ファイト・ハーラン監督。コルベルク（現在はポーランド領、コウォブジェク）はバルト海に臨む小港町で、一六四八年以後ブランデンブルク辺境伯領となり、要塞が設けられた。一八〇七年にコルベルクの民衆がナポレオン軍による攻囲に抵抗し、一矢を報いた。
※※　ヨーゼフ。一九三三年以来宣伝相。四五年に自殺。

ナチズムの美学――キッチュと死についての考察

序論

アルベルト・シュペーア〔ナチスの建築の設計・推進者。ヒトラー側近のひとりで一九四二年から軍需相〕が、彼の獄中『日記』の一九四八年一二月二八日の項で記していることによれば、彼の回想録《メモワール》の刊行に関心を抱いていたアメリカの出版社ブランチュ・ノフが「私どもがあまりにも長期にわたって待たなければならないとすると、このテーマはもう、数カ月前ほど重要ではなくなってしまうかも知れません(1)」と書いて寄こした、というのである。それから二〇年後、シュペーアの回想録〔一九六九年刊。邦訳『ナチス軍需相の証言――シュペーア回想録』上・下巻、品田豊治訳、中公文庫、二〇二〇年〕は周知のように大反響をまき起こした。それ以前にも、またそれ以後も、ナチズムそのものは一貫してありとあらゆる情念および魅惑力《ファシナシオン》をかきたてる領域であり、また幾千冊もの書物や数十本の映画、果てしない論争の対象であったし、また今〔本書の原著出版は一九八二年〕なおそうである。第三帝国《ライヒ》は、姿を消してから三五年以上を経過した今もなお、現代史の主要な基準点をなしており、また、数百万に及ぶ人たち〔ホロコーストの犠牲者〕にとっては同化吸収不能《イナシミラーブル》であり、かつ同化吸収《アシミレ》されていないひとつの現実をなす。とはいえそれは依然としてさまざまに変化する現実なのだ。

　戦争が終わった時、ナチズムは西洋文明の忌まわしい部分であり、〈悪〉の象徴そのものであった。ナチスの行なったことすべてが非難され、彼らが関わったことといっさいが汚辱とされ、彼らの思い出を呼び起こすものもすべて取り除かれた。拭い去れそうにない汚点はドイツの過去にまで及んだのであって、あの恐るべき展開の起源を明らかにすべく、それに先立つ数世紀に探査のメスが入れられてきた。影響力のあったさまざまな集団、ヨーロッパのエリートの相当の部分が、敗戦の二〜三年前には新秩序《オルドル・ヌーヴォー》にたいする共感をほとんど隠さずにいたのに、突如として完全に黙り込み、記憶喪失症に陥った。支持の証拠、みなが熱中していたもの、そして四年間にわたる〔新秩序との〕共存の間の、さらに対独協力《コラボラシオン》の間の文書や発言は雲散霧消してしまった。またたくうちに過去が一掃され、しかもその状況はほぼ二〇〜二五年間も続いたのである。

　ところが六〇年代末になると、西欧世界全体でナチズム・イメージが変化を見せ始めた。根本的に変化したのでも、またいっせいに変化したのでもないが、あちこちで、左翼にあっても右翼にあっても、新たなディスクールということについて語りうるくらいに知覚可能かつ明示的な形で変化しはじめたのである。例えばフランスにおいては、ちょうど『苦痛と憐憫』〔マルセル・オフュルス監督映画、一九七一年作品〕が対独協力およびレジスタンスの提示の仕方の点で一段階を画した時に、ミシェル・トゥルニエの『魔王』〔ガリマール社、一九七〇年。邦訳『魔王』上・下巻、植田祐次訳、みすず書房、二〇〇一年〕がこの新たなディスクールの最初の重要な表現のひとつとして公刊された。

本書の第一の目的

本エセーの目的はまず第一に、それらの表れを把握し、また、少数の者〔本書においてほとんど意味をもたない〕にとっては故意の過去改変をなし、他の人たちにとってはファンタスム〔＝幻想〕(2)の自由な作用をなし、さらに他の人たち〔われわれにとってはおそらくもっとも重要な人たち〕にとっては、あるいは理解しようとする意志を、あるいはおそらく悪魔祓い《エグゾルシスム》をなす、そうした改変・再構成の論理を理解することである。

ハンス＝ユルゲン・ジーバーベルクは『ヒトラー、あるいはドイツ映画』（いわゆる「ドイツ三部作」の最後、一九七七年作の同名映画の台本に相当する著書。原題の直訳は『ヒトラー。ドイツからの一本の映画』。フランス語版、セゲルス／ラフォン社、一九七八年）の「序文」の中で、「われわれを徐々にむしばむこの病気の核心そのものを深く理解しないならば、その罪悪のもつ、重くのしかかるような呪いからいつの日にか解き放たれることがあるのだろうか？」という問いを発している。狙いとされている意図はさまざまだが、この新たなディスクール全体に共通する構造が明らかとなっている。

こうした再解釈を例証するために選び出された作品は、大変に評判となった――あるいは大部分今なお大評判の――作品であり、それだからこそそれらには現実的な意義があり、またそうした分析が意味あるものとなっている。それらは、とりわけドイツ、フランス、そしてイタリアの作品(3)であるが、それらの国の政治的あるいは社会的な背景に相違があるにもかかわらず、それらの作品に示される変化がもつ奥深い論理からは数多くの接点が浮かび上がってくる。

いくつかの国を一括りにしてもおそらくはかまわないであろう。しかしイデオロギー的・社会的な同類扱いは許されるのだろうか？　ナチズムにかんしては、右翼的な新たなディスクールがあり、また左翼的な新たなディスクールも存在する。さらに、イデオロギーに囚われまいとする美学的《エステティック》再構成もまた存在する。こうしたさまざまのアプローチを十把一からげに扱いうるのだろうか？　それと同時に、政治パンフレットから映画へ、映画から小説《ロマン》へ、小説から歴史的著作へと一本調子に移ることはできるのだろうか？　要するに、ミシェル・トゥルニエ、ハンス＝ユルゲン・ジーバーベルク、そしてアルベルト・シュペーアを一括りにして取り扱えるのだろうか？

綜合的な解釈の視点

それは許されることではあるけれども、説明が必要なのであって、そのためにはいささか廻り道をしておかねばならない。私の出発点は単純なものである。すなわち、政治的・経済的・社会的解釈にのみ立脚したナチズム分析は説得的たりえまい、と私には思われる。《ファシズム》――当時の《ファシズム》のことであれ、あるいは今日の《ファシズム》のことであれ――についてのマルクス主義的な理解は明らかに不十分なのだ。けれども、自由主義的な歴史記述もまた、一貫性に欠ける。六〇年代末以来、《全体主義的《トタリテール》》というキーワードが関心を呼び起こすことはますます少なくなっているし、構造＝機能論的アプローチは無内容な枠組のように思われており、また心理史的分析は抗議の叫びを引き起こしてもいる。つまるところ、既にうず高く積まれた個別研究《モノグラフィー》の山をもってしても、その山裾に広がる理論的砂漠を蔽い隠すことはできはしないであろう(4)。

そうした状況にあっては、さまざまな解釈の綜合《サンテーズ》のみが満足すべきものであるように思われる。その場合ナチズムは、おそらくはマルクス主義がその内的メカニズムを解明してくれる社会的・経済的変化の結果として、社会＝経済的《下部構造《インフラストラクチャ》》から部分的には独立した政治的変化の結果として、そして最後に、固有の論理に照応し、かつ経済的なるものおよび政治的なるものに接ぎ木されてゆく心理的過程の結果として見えてくるであろう。今日では、ナチズム型の現象の出現に必要な社会＝経済的状況は存在していないように思われるし、また西欧における政治的展開には両次大戦間期ヨーロッパの政治的展開を想起させるものはひとつとしてない。

残るは、自律的であって、自己展開をとげる心理的次元である。この次元は明確な議論ないし明晰なイデオロギー的立場にのみ立脚しているのではない。後者〔明晰なイデオロギー的立場〕は確かに存在しているが、別のものを、すなわちふつう右翼と左翼との間に設けられている分類に還元しえない想像力の作用を覆い隠す。ナチズムの魅力は、明白なイデオロギー的ディスクールのうちに宿っていただけではない。少なくともほぼ一九三〇年から戦争を経て敗北に至るまでの決定的時期に、右翼の人びとも左翼の人びとも突き動かされた情動やイメージや幻想《ファンタスム》の力のうちにも宿っていたのである。

したがって、ナチズムにかんする新たなディスクールはそれらと同じ幻想やイメージや情動のレヴェルで展開する、と先験的《ア・プリオリ》に仮定することは、筋が通っているように私には思われる。ひと言でいうならば、見つけ出さなければならないのは、イデオロギー的な諸範疇《カテゴリ》よりもむしろ、これらの内奥のイメージの持続、そして右翼にも左翼にも共通するこれらの幻想の構造なのである。このレヴェルにおいては、諸々の作品は読者・観客としてのわれわれの想像力の中でひとり歩きしている。したがって、ヴェルナー・ファスビンダー〔ライナー。『リリー・マルレーン』を製作（一九八一年）した旧西ドイツの映画監督〕が極左主義者《ゴーシスト》であるかどうか、ヨアヒム・フェスト〔『ヒトラー』上・下巻、赤羽龍夫訳、河出書房新社、一九七五年、の著者〕が自由主義的右翼に属しているのかどうか、また、アルベルト・シュペーアの政治的信条に変化があったのかどうか、はどうでもよいことなのである。逆に大切なのは、シュペーアの回想録にあっては、自然の力が歴史的出来事と共鳴しあっている、あの一九三九年八月二三日の夜の光景への言及〔本書第一章二九ページ以下参照〕であり、『リリー・マルレーン』にあっては総統《フューラー》〔＝ヒトラー〕が強烈な光として象徴表現されていることであり[5]、フェストにあってはヒトラーの偉大さについての考察なのだ。

次のような主張が私にたいしてなされることだろう。すなわち、シュペーア描くところの光景は数多《あまた》ある光景のうちのひとつでしかなく、その光景を全体の文脈のうちに置き直す必要がある、と。『リリー・マルレーン』における強烈な光はおそらくはアイロニーに属するものだ、と。またフェストにあっては、ヒトラーの偉大さについての考察は問いの形で提起されているのだ、と。また私は次のような反論をも浴びるだろう。すなわち、ミシェル・トゥルニエにおけるカルテンボルン・ナチ親衛隊《エス・エス》幼年学校の魅惑的描写は、《有害な倒錯》という観念が中心的役割を担っている作品の全体構成の中でしか理解されえない、等々の反論がなされよう。意図を批判し、あれこれの態度を告発し、ある評価を下すことが問題となっているのならば、こうした反論は決定的な意味をもつだろう。しかし繰り返し述べておかねばならないのだが、私の目的はそれとは異なる。私は、ともかくもこのエセーの第一章では、どのように関連しているのか解明する必要のある、さまざまな観念連合〔＝連想〕を跡づけることを望んでいるのだ。そこには奥深い論理に支配された潜在的なディスクールが存在しているように思われるからである。

しかし私の選択基準については、あとひと言付け加えておかねばならない。基本的にイメージおよび幻想のレヴェルで認識されるディスクールの一環として、ジョージ・スタイナーおよび彼の手になる、やはり何よりも悪にかんする物語である『A・Hの移送』をとり上げたのに、他方、イエールジ・コジンスキーの『異端の鳥』〔一九六五年。青木日出夫訳、角川書店、一九七二年〕やギュンター・グラスの『ブリキの太鼓』〔一九五九年。邦訳『世界の文学』21、高本研一訳、集英社、一九七六年〕（それよりむしろフォルカー・シュレンドルフ監督による同名の映画〔一九七九年作品〕）を除外したのはなぜなのだろうか？　G・グラスあるいはJ・コジンスキーの作品はナチズムにかんする普通のディスクールを何ら変えていないように私には思えるのであり、これにたいしてG・スタイナーの短編は、ヒトラーを創造主——言葉を通じ、また同様に彼のユダヤ人イメージを通じても、事態を転倒させかねない創造主——として描く彼の描き方によって、普通のディスクールを変えているからである。[*1]

第二の目的

しかしながら本書には第二の目的があって、これが行論の過程でもっとも重要なものとなる。すなわち、こうした過去再喚起・再解釈が、過去それ自体を、とりわけ過去の心理的次元をよりよく理解する上での助けとなる、ということが、ナチズムにかんする新たなディスクールの分析によってますます明白となっているのである。かくして、たとえば『地獄に堕ちた勇者ども』〔ルキーノ・ヴィスコンティ監督、一九六九年作品〕あるいは『ヒトラー、あるいはドイツ映画』の主題および美学のおかげで、ナチズムが〔当時〕及ぼした影響力をかなりの程度把握することが可能となる。つまり、直接的アプローチによっては現在に至るまで明らかにされなかった諸要素が、今日におけるそれらの反映のおかげで、誰かが語ろうと望んだことによってよりもむしろ、その人たちの与り知らぬところで、彼らの意に反して語られたことによって、明らかにされるのである。じじつ、想像力をある程度自由に働かせることを通じて、記憶による選別の度合いを強めることを通じて、現代における再構成は、過ぎ去った現実の予想外の局面を明らかにする形で呈示してくれている。あれこれの映画あるいは小説の中でしばしば感知される魅惑力の最高揚がそうだ。つまり、どの作品をとりあげてみても、それを構成する美学的諸要素は同じであるように思われるのである。しかしごく当然のことながら、次のような問いが提出されてくる。すなわち、魅惑力を構成するそれらの要素は、今日の作家ないし映画監督による創作物でしかないのではないか?、あるいは、それらの要素はナチズムそれ自体のうちに見つけ出せるのではないか?、と。だが、この種の検証のおかげで諸々の主題が姿をみせ、道が開けてくる。新たなディスクールからナチズムへ、そしてナチズムから新たなディスクールへと眼差しが注がれ、こうして、〔現在および過去の〕想像力のもついくつかの次元――新たな隷従形態の基礎にある次元――をおそらくある程度まで把握することが可能となるのである。

もっと正確に言うならば、目に見える諸々の主題の背後に、戦慄のきっかけ、欲望の存在、悪魔祓いのための策略を見いだすことになるであろう。

これらの意味作用領域のどれをとっても、その内部では深刻な矛盾がたち現れている。すなわち、キッチュ[6]の調和と、死・破壊というテーマの絶えざる喚起との対立によって引き起こされる美学的戦慄。そして、権力・力・支配の性愛化《エロティザシオン》によって、またそれと同時に、ありとあらゆる本能解放および違反の場としてナチズムを描写することによってかき立てられる欲望。最後に、過去においても現在においても、犯罪および民族絶滅《エクステルミナシオン》の存在に直面した際に、言語によって距離《ディスタンス》を保とうとし、記号《シーニュ》の転換を通じて別の現実の存在を主張しようとし、そして要するに、基本的道徳律は常に遵守されたのであり、混乱・恐怖しか見られなかったところにも一貫性と弁明とが存在していたことを証明しつつ、心の平安を得ようと、あらゆる努力を払う悪魔祓い、である。

じっさい、ナチズムにかんする新たなディスクールの分析は、権力賛美といっさいの権力の最終的な爆発・消滅の夢との共存にもとづく深層構造を明らかにすることによって、ナチズムの心理的影響力の基礎を、すなわち絶対的従属への欲求によってと同時に抑圧からの全面的解放への欲求によっても育まれた独特の隷従のいくつかの基礎を跡づけてくれるのである。

ナチズムは消滅した。しかし、ナチズムが現代の想像力にたいして思い起こさせる強迫観念《オブセッシオン》、ならびに絶えずこの過去を作り上げ、再解釈するこの新たなディスクールの出現、これらによってわれわれは必然的に次のような最後の問いに直面させられる。すなわち、過去に向けて注がれる眼差しは結局のところ、根拠のない夢想、見世物の魅力、必然的な悪魔祓い、もしくは理解したいという不断の欲求にすぎないのではないか?、あるいは、その眼差しは相も変わらず、心の奥深くに潜む不安の表われ、また一部の人びとにとってはひそかな願望の表われなのであろうか?、という問いである。[*2]

最後に、《読者への注意》を記しておかねばならない。以下に続く叙述は、歴史研究でもなければ、言葉の伝統的な意味での《評論《エセー》》でさえない。われわれが見落としている現象についての理解を深めることを意図するものであって、常に厳密な論証に訴えうるわけではない。それゆえ、いくつかの角度からのアプローチを用い、かつ、時として抽象的説明が行き詰まるほかない場合には、作品のスタイルないし雰囲気に直接に言及することになる。実際に、最初の二章ではこの種の《再呈示《ル＝プレザンタシオン》＝表現》がしばしばなされるであろう。これにたいし、その後の章では明らかなデータおよび必要とされる基礎にもとづく分析がなされる。

ポール・フラマンならびにアニー・フランソワの友情あふれる心配りのおかげで、私は多くの論理飛躍を避けることができた。この場を借りて彼らに対する感謝の意を表しておきたい。

第一章　ナチズムの美学と言語

――キッチュと神話と死

イメージには固有の意味が備わっており、生き生きとした隠喩《メタフアー》は十分に例証として役立つのであり、想像力をかき立てる幻想《ファンタスム》はそれ自体、根源的な影響力がいかなる性質のものであったかを明らかにしてくれる。しかしながら、いかなる美学にも法則があり、また〔*1〕、いかなる戦慄も、意表外の効果や、思わざる関連付けや、それまで気付かれなかった現実の暴露に対応している。ここにおいてキッチュと死の出会いが生ずる。

キッチュとは、あの「無趣味の中でのわずかな趣味、醜悪さの中でのわずかな芸術――鉄道の待合室の電灯の下に飾られたやどり木の小枝、人が往来する場所に設けられたニッケルメッキの鏡、配達用荷車の中に置きっぱなしの造花、ヴォージュ地方〔フランス東北部、ヴォージュ山脈のある地方〕産の樅の木で作られた裁縫箱――日常的な環境の心地よさ《ゲムートリヒカイト》、生活に適合した芸術――しかもこの適合機能は、革新的であるという芸術の機能を上回っている――であり、またキッチュはひそかな悪徳、心やさしく、甘美な悪徳である。だが悪徳なしに生きうる者があるだろうか？　それゆえにこそ、キッチュの浸透力、そしてキッチュの普遍性が生まれる……」(1)。たしかにキッチュは普遍的なのであって、やはり大多数の人々の趣味に適合しており、普通の感性と、キッチュのうちに美および秩序――既成秩序、そしてあるがままの事態――の重視を看て取る小ブルジョワジーにお気に入りの調和とを忠実に表現しているのだ。

まさにキッチュな美学と死の主題との並置こそが、驚きを、そしてナチズムにかんする新たなディスクールに特徴的であり、またそれだけでなくナチズムにも特徴的であると思われる、あの特殊な戦慄をかき立てる。

ある雰囲気を再構成しようとする意志をそこに看て取るべきなのだろうか？　それとも魅惑力を再構成しようとする意志を見るべきなのだろうか？　おそらくはそれら双方を見るべきであろう。今日における反映の中に、過去におけるナチズムの影響力を構成したいくつかの根本要素が垣間見られるのである。

死と破壊のキッチュ

死のキッチュが存在する。例えば甘美な眠りに変えられた死。また、谷間に眠る人〔アルテュール・ランボーの詩。普仏戦争で戦死した若者が題材〕……、『ハムレット』最終幕〔第二場〕での「おやすみ、王子さま」……、アメリカの葬儀場、あるいは教訓譚に描かれる古老の死……。英雄の死も同様だ。英雄は倒れ伏し、眼はすでに虚ろであり、片方の手は血の吹き出す傷口に当てられているが、いま一方の手は軍旗の折れた旗竿をなおも握りしめている……。どんな運動場においても、一〇歳の子どもたちがカウボーイあるいはインディアンの死を、警官あるいは泥棒の死を、マフィア団員あるいはアンタッチャブルの死を真似ているが、その子どもたちはみな、死のキッチュを演じているのだ。黙示録《アポカリプス》のキッチュさえ存在する。無数の真紅の照り返しが走る鉛色の空、都市からたちのぼる火炎、真っ赤に染まった地平線めざして遠ざかってゆく群衆や兵士、そしてはるか向こうには馬上の四人〔『ヨハネの黙示録』に記されている「四騎士」のこと〕……。とはいえ、こうした死・破壊・黙示録のキッチュは特殊なキッチュであって、通常のキッチュ観には組み入れられない現実表象をなす。

通常のキッチュの場合には、現実表象と現実に存在しえたものとの間には対応関係がある。例えば、恋人たちは二羽の雉鳩のように樅の木の陰に身を隠すことができ、一条の細い煙が立ち昇る煙突のある藁ぶきの屋根の家には幸せな家族が身を寄せることができ、スイスのある景色はその絵葉書きにそっくりである。しかし、死についてのキッチュな表象を前にした時には、二つのあい反する要素が混ざりあって存在していることを、誰もが心の奥底で知っている。つまり、一方では調和への、きわめて単純かつ直接的なレヴェルでの情動的共鳴への訴え、他方では孤独および恐怖、この二つが存在することを知っているのである。これら二つのあい反する要素の並置は、ある種の宗教的美学の基礎をなしており、また、私に言わせれば、ナチスの美学ならびにナチズムへの新たな言及の双方の土台をなしている。まさにこの独特の不協和が、後で言及するその他の不協和と関連しつつ、事実それ自体にたいする反応を、またその事実が現在に及ぼす反映にたいする反応を引き起こすのである。例として、シュペーアの回想録中の一九三九年八月二三日の叙述を以下に引用しておこう。

「その夜、ベルクホーフ〔オーバーザルツベルク近く、ベルヒテスガーデンのヒトラーの山荘〕のテラスにヒトラーと一緒に出ていたのだが、私たちは不思議な自然現象を目撃して驚いた。一時間以上にわたって、強烈きわまる北極光《オーロラ》がウンタースベルク山〔本章原注（4）参照〕、私たちの眼前に聳えるあの伝説に包まれた山を赤々と照らし出していた。一方、天空は七色に染まっていた。『神々の黄昏』〔リヒャルト・ヴァグナー作曲の楽劇、また、ヴィスコンティの映画『ルートヴィヒ』のサブタイトル〕最終幕の演出について、これ以上に印象的な演出を思い描くことなどできないであろう。その光は、私たちひとりひとりの顔や手をこの世のものとは思われぬ光に染めていた。その光景を目にして私たちはみな物思いに沈んでしまった。突如としてヒトラーが、彼の副官のひとりに向かって言った。「これはおびただしい流血の前兆だ。今度は暴力なしには済むまい」と[2]」。

これは完璧の域に達したキッチュだ。やがて世界最強の人物になろうとしている人間（そして彼が結んだソ連との条約〔一九三九年八月二三日夜に調印された独ソ不可侵条約〕はこの意味で巨大な躍進であった）が、山々の雄大な光景に囲まれて山荘にいる。[3]ヒトラーの顔は、赤い血の色をした不思議な光の走る夜空に向けられている。彼は嵐の荒れ狂う湖を前にした詩人であり、また稲妻の走る鉛色の空の下を逃走している殺人者である。赤味を帯びた空ゆえに、またそれだけでなく自分自身の力量ゆえに物思いにふけっている。つまり彼は《強力にして孤独な》指導者なのだ。これですべてではない。その筆者〔シュペーア〕は、伝説に彩られたウンタースベルク山[4]をその光景に付け加えている。その時、ヒトラーは副官のひとりに向かって突然こう言った。「これはおびただしい流血の前兆だ。今度は暴力なしには済むまい……」と。これは破壊と死とを予告している。描写された場面においてのみならず、過去へとさかのぼる読者の想像力の中においても、破壊と死とを予告しているのである。

アルカイックな伝説の世界

壮大なフレスコ画的描写の次には、金色の花飾りやガラスの色ビーズ玉をあしらった小さな俗悪な彩色画、である。人を脅えさせ、気を滅入らせる点がそこにある。しかしそれは背景の片すみに隠されている。これは、ロベール・ブラジアック（フランスのロマン主義的小説家。ファシズムに魅せられ、対独協力を行なう。一九四五年二月に銃殺刑）がファシズム（しかもここでいうファシズムは明らかにナチズムを包含している）について抱いた見方、少なくともジャック・ロランが再構成してみせたような見方である。ガラスのビーズ玉、金ピカ、アルミ箔、まがい物、われらの海《マーレ・ノストゥルム》（古代ローマ人にとっての地中海）に進水したガレー船、ヴァルプルギスの夜（四月三〇日から五月一日にかけての夜。ゲルマン伝説によればこの夜魔女たちが魔の山に集まって大宴会を催す。なお、聖ヴァルプルギスは、ドイツにおいてキリスト教化に努めた修道女）を祝うヒトラー、行進曲と忘れな草（友愛、誠実の象徴）の花輪、樅の木（高潔、不死再生、忠実、純粋の象徴）の枝、美しいブロンドの髪を編んだミルティーユ（苔桃の実、ブルーベリー。実りある人生、知性、信頼などの花言葉）摘みの女たち、大天使ミカエル（ミカエルは天軍の指揮者、サタンと双子の兄弟）軍団、ヴェーヌス山《ベルク》（中世の伝説において、ヴェーヌス（新訳聖書中の悪魔ベルゼブートの娘）の宮殿があり、そこにタンホイザーが引きとめられている）からくすんだ木の葉をまとって降りてきたナチ親衛隊員たち、いつでも月桂冠として用いられるまでに成長したスペインのオリーヴの木々のそよぎ、聖《サン》ルイの柏《オーク》〔ルイ九世（在位一二二六〜七〇年）。第六回、第七回十字軍を率いた。テュニスで病死。国王裁判権を強化、柏の木の下で裁判を行なった〕——そして、《聖ルイの柏、十字軍の西洋杉、またメルモーズ〔フランスの飛行士。フランス〜南アメリカ間の夜間飛行を敢行。一九三六年南大西洋で行方不明〕を呑み込む大西洋の波、これらと同じテンポで揺れる(5)》最終場面。

古くからの伝説と牧歌的な光景。そして突然に、あっという間の有無を言わせぬ運命の力。つまり《メルモーズを呑み込む大西洋の波》。キッチュがそこに存在していた。死は遠い未来のものではありえなかったのである。

ファシズムは近代性《モデルニテ》への叛乱、伝統的枠組から完全な工業化社会へと移行しつつある社会の危機にたいする叛乱、したがって故意に古風《アルカイック》なユートピアを出現させようとする叛乱だ、と言われてきた。われわれがつい先程示して見せた俗悪な彩色画を一瞥するならば、ファシズム、とりわけナチズムのもつそうした側面が確認されよう。つまり、英雄たちが動きまわる背景には都市はなく、工場もコンバインも、大規模なダムもなく、あるいはまた電化もなされていない。これはソ連の理想とはかけ離れている（しかもソ連においては、幸福な未来をさし示す図像集《イコノグラフィー》の中では死および破壊というテーマも避けられている）。われわれは、伝説に包まれた国ぐにの神秘性・純潔性を前にしているのであり、英雄は近代に足を踏み込むや、たちまち打ち砕かれてしまう。《メルモーズを呑み込む大西洋の波》なのである。

ここではキッチュは、低俗なロマン主義的霊感《インスピレーション》への回帰、一五〇年前、近代への飛躍的発展の前夜には備わっていた力強さと斬新さをなくしてしまった美学への回帰である。しかも、まさにこの前近代的・反近代的な雰囲気の中で、キッチュな調和と死という、あい対立する主題が出現し、広がりをみせる。おあつらえむきの主題、つまり英雄の主題が、こうした並置によってもたらされる数多くの反映のいくつかをわれわれに投げ返してくるであろう。もちろん英雄は死にゆく人間なのだから。

若き英雄の死

それは、第一次大戦の激しい混乱の中で死ぬとはいえ、『魔の山』〔トーマス・マンの小説。一九二四年作品〕に登場するハンス・カストルプではなく、その従兄ヨアヒムである。またそれは、『とどめの一撃』に登場するコンラートである（「恐れということをコンラートはまるで知らなかった。こうして、あたかも生来の得意の領分にでもいるかのように死の中でくつろいで生きている人びとがいるのであり、しかも彼らはきわめてひよわな人たちのことが多い。よく、若くして死ぬべく運命づけられた結核患者にあってはこの種の贈り物が授けられている、と語られる。しかし私は時おり、非業の死という定めを負った少年たちのうちに、美徳であると同時に神々の特権でもある屈託のなさを見たことがある……」(6)。彼らは、エルンスト・フォン・ゾロモンの『追放された者たち』〔一九三〇年作品〕に登場する英雄たち、あるいは『鋼鉄の嵐の中で』〔右翼武装組織「鉄兜団」のメンバーであったエルンスト・ユンガーによる戦記文学。一九二〇年作品〕の兵士たちであるが、また彼らのエピゴーネンでもある……。いよいよわれわれは、カルテンボルン・ナチ親衛隊幼年学校、ミシェル・トゥルニエが『魔王』の中で言及した幼年学校をとりあげることにしよう。戦争の最後の年、若者たち《ユングマンネン》が夏至を祝っている。

「……いちばん小柄な生徒が進み出て、薪の山の方へ歩いてゆく。彼は、蝶のように揺れ動く軽い火種を手にしている。……ぱちぱちと激しい音を立てて炎があがると、彼はぱっととび退いた。突然の炎が映えてかき乱された暗闇の中で、澄んだ声がわき上がる。……遠くの暗闇の中で別の班の火がつけられるのが見えた。……若者たちは輪になって火の周りをまわり、皆が順番に駆け出して炎を跳び越えた。……今度は解釈を加える必要は少しもなく、また解読格子もまったく不要である。未来と死とをかくも執拗にないまぜにし、また、ひとりまたひとりと子どもたちを真っ赤な炎に向かって駆り立てるこの儀式、それは、われわれが歌いながら突き進んでいる幼子虐殺《イノセント》〔ヘロデ王による〕の明確な喚起であり、また悪魔的な祈願なのだ。

カルテンボルンに来年も夏至を祝う機会がやってきたとしたら、私は驚いたことだろう(7)」。

もうひとつ、今度は自伝的な記録なのだが、その根本主題は同じである。すなわち、通過儀礼、入門儀式である。クリスティアン・ドゥ・ラ・マジエールは、彼がやはり戦争の最後の年にナチ武装親衛隊《ヴァッフェン・エス・エス》に志願した際の最初のヒトラー式敬礼のことを次のように語っている。

「私がこのヒトラー式敬礼を誇らしく思ったのは、私にはあたかもそれが出生証明書であるかのように思われたからだ。私はそれを通じて、何ひとつとして容易なものはないが、しかしいっさいがより純粋である事態へと到達したのだ(8)」。次いでさらに後の方で、戦友のラ・ビュアレとの最後の出会いについてこう語る。「私の友人、大の仲良しに会ったのはそれが最後だった。彼は行方不明になってしまったからだ。きっと殺されたにちがいない。彼は微笑とともに、ヴァイキングのもつ青い冷静な目とともに私の人生にはいり込んできた。そして悲運のブルターニュ〔大西洋に突き出たフランス地方の名。アーサー王伝説やトリスタンとイゾルデの物語の舞台〕人として、微笑ともに彼は私の人生から離れ去っていった……」[9]と。

トゥルニエにあっても、ラ・マジエールの場合と同じく、若き英雄たちはエリートの一員であり、ナチ親衛隊に属している。つまり彼らは、ナチ親衛隊幼年学校の生徒であり、ドイツのナチ親衛隊員であり、フランスの義勇兵《ヴォロンテール》〔ヴィシー体制下での対独協力の中でつくられた「ボリシェヴィズム撲滅フランス義勇軍」〕なのだ。いずれの場合にも彼らは若くて純粋である。そしていずれの場合にも、彼らは死ぬ運命にあった。

純粋性という主題――センチメンタリズムの喚起

純粋性という主題が一連のシンボル――幼子虐殺を思い起こさせる若者たちの非常な若さ、火、火種、《いっさいがより純粋》な事態、ラ・ビュアレの青い目と微笑[10]――を媒介として、これでもかといわんばかりに何度もたち現れる。これは鍵ともなる主題、すなわち膨大な教訓譚の中でセンチメンタリズムをもたらす主題である。その主題はここでは、死を宣告した運命の残酷さおよび不公平さと驚くべき対照をなしている。それはまた、宗教と反近代性との背後に潜む主題全体にたち戻らせもする。つまり神は、完全に純粋な、地上に長い間留まるにはいわばあまりにも純粋な人間を御許に召したまう。これは、聖人たちの生活についての伝統的イメージ、宗教教育全体の中心軸——絶対的価値基準としての《純粋性》——をなす。英雄神話はかくして、倫理的・美学的ながらくたとあいまって、キリスト教の宗教的伝統——これが神話への言及に情緒的な力を付与する——についての冗漫で遠回しのレトリックと英雄とを結びつけるのである。

アルカイスムと反近代性

繰り返したち現れる別の主題は、きわめて古くからの祭儀（トゥルニエにおける夏至の儀式）という主題、伝説の国ぐに（《ヴァイキング》、《悲運のブルターニュ人》）という主題である。そのうえ、こうしたアルカイスムは、ラ・マジエールやラ・ビュアレや彼らの仲間たちが属していた集団のもつ顕著な特徴のひとつだったのではないだろうか？

最後に、コンラートという原型が存在する。「コンラートのような性格の持ち主は誘惑に負けやすいのであって、甲冑をまとっている時ほど、気分のよいことはない。社交界や女たち、実業や安易な成功に身を委ねると、そうした性格の持ち主は知らず知らずのうちに堕落してしまう。それを見ると私はいつも、槍の穂先の形をしてはいるものの、バラの英雄的な枯れ方とは対照的に、べとべと粘るような最期を迎えるあの陰気な花、アイリスの吐き気を催すようなしおれ方のことを連想する……」[11]。コンラートは、女たちの世界や実業界とは対照的な騎士であり、近代性のせいで無気力化し腐りかけている世界と対立する純粋な存在なのだ。

若き英雄のプロフィール

こうして、死を運命づけられた若き英雄は複雑な感情に包まれている。彼は二つの旗じるしのいずれか――暗黙裡に示されている宗教的伝統という旗じるしと、素朴で根源的な諸価値の崇拝という旗じるしのいずれか――を、それらを否定するものに対抗して、すなわち卑しむべき近代性の世界、物質的諸力のもつ漠然とした重苦しさ、非人間的な諸要素の目に余る空しさに対抗して捧げもっている[12]。こうして、死に至るまで打ち負かされることのない英雄は、ほとんど超自然的といってよいほどの光に輝くのである。

したがってこれらの人びとは、本来の意味および比喩的な意味での修道会に、また文明間の対決に備えて徒党を組んだ秘密エリートに属している。ここでいま一度、ナチ武装親衛隊に入隊した際のクリスティアン・ドゥ・ラ・マジエールを見ておこう。「ぴんと伸ばしたあの腕のことを私は誇らしく思うと同時に困惑も覚えた。敷居を越えたと、そして敷居を越えることによって私の出自の何か、例えば私の郷里、過去、私の故郷の伝統を何となく追い出しつつある、と私には思われた。しかし、それらの隊員は私の心を捉えたのであり、私は進んで入隊を望んだ。彼らは力強くて寛大で、かつ厳しい人たち、つまり、けっして腐敗堕落することのない、弱点のない人たちだと私には感じられたのだ[13]」。

シャルルマーニュ師団〔ソ連赤軍と銃火を交えたフランスの軍事的対独協力部隊[14]〕、ナチ武装親衛隊全般、対独協力の様相全体についてのこれらの言及のひとつひとつのうちに、さらにいまひとつの特性、すなわち忠誠という特性が根気よく繰り返し現れている。こうして最後のフランス・ナチ武装親衛隊隊員は、「アドルフ・ヒトラーが、その日がやってきた時には自分の最後の忠実な兵士たちに囲まれて死のうと心に決めた二つの場所、つまりプロイセンの首都〔ベルリン〕あるいはバイエルンの片隅〔ベルヒテスガーデンの山荘〕のどちらか一方で[15]」死のうとするのである。

犠牲となることを運命づけられた英雄のプロフィールが明確になってくる。彼は、純粋で、宗教感情に包まれ、遠い昔の諸価値の世界に根差した人間、死に至るまで忠実な人間なのだ。こうした手段はすべて、修道会系学校やボーイスカウト団での教訓的図書にふさわしい。ギ・ドゥ・ラリゴディと彼の仲間は永遠の若者なのである。それはブラジアックの《暗闇の朝》であり、シャルルマーニュ師団の《最後の忠実な兵士たち》であり、ナチズムそのものの想像力から取り出された数多くの典型である。例えば、その種のものの古典で、ナチ体制初期のもっとも有名な映画のうちの一本『ヒトラー青年クヴェックス』〔一九三三年一一月完成。邦題『ヒットラー青年』〕を想い起こしていただきたい。すべてがそこには存在する。つまり若きヘルベルト・ノルクスは、酒を飲み、煙草を喫い、娘を抱き、「われら海兵隊」を歌う赤《アカ》の堕落した風習と縁を切り、キャンプファイアや早朝起床や澄んだ流れの中での水浴びを伴う、ヒトラー・ユーゲントの集会を包む純粋さへとたどり着く。純粋な人間、若き英雄たるノルクスは今や、もてる力と生命とを捧げている大義に殉ずる。彼は一九三二年に共産党員によって殺されることとなる。[16]

キッチュと死の並置による観念連合の形成

またもやキッチュと死とのこうした並置を軸にして新たな観念連合〔＝連想〕が形成され、新たな情動の積み重ねが繰り返したち現れる。こうして、このディスクールの及ぼす効果が漠然と理解され始める。(17)

ハンス＝ユルゲン・ジーバーベルクの著書『ヒトラー、あるいはドイツ映画』には、映画に撮影されなかった場面がある。一九二三年一一月九日〔挫折に終わった武装ナチスらによるミュンヘン一揆の日〕の死者たちを記念する太鼓の連打が聞こえる一方で、二名の忠実な親衛隊員が、行方不明となった総統をいつまでも必死に捜し求めて歩いている。彼らは腕を組み合ってオーバーザルツベルクの通りを歩んでおり、次いでヒトラーの喫茶館《ティー・ハウス》へと通ずるトンネルにはいり込む。それはけっして終わることのない歩みである。ジーバーベルクは次のように書いている。「バックグラウンド・ミュージックとして、偉大な英雄の復活を待つ、ナポレオンのあの二人の擲弾兵《てきだんへい》にかんするハイネのバラード、そして最後にリヒャルト・ヴァグナーの編曲による「ラ・マルセイエーズ」。大胆不敵でぞっとするようなイメージ。顔をしかめた二つの亡霊、復活の夢の破れたことを告げる太鼓の連打の中で、世界をさまよう不滅のナチの神秘的で原型《アルケオタイプ》的な人物(18)」と。

ここではキッチュと死との並置は、異なった二つのレヴェルで、しかし同時になされている。背景で聞こえる、ドイツ詩の中でもっとも有名で、おそらくは繰り返し歌われることのもっとも多かったバラード（ハイネの「二人の擲弾兵」）、これは――もちろん――心安らぐ民衆文化を連想させる。しかもそれと同時に、死んでもおりまた生きてもいる二人の英雄が永遠性に向かって進んでいる。

永遠の青春、純粋さへの郷愁

撮影されなかったこの場面と密接に関連しつつ、より重要なのは、ジーバーベルクがヒトラーの召使い、K・W・クラウゼの独白を扱った場面である。その召使いは、ごく細かな点に至るまで細心の注意を払いながら、ヒトラーがどのように服を着たか、彼の日常の習慣はどうであったか、について述べる（「ヒトラーは、必要とあらば……一日のうちに三度も下着を取り替えたのですが、かと思うと二～三日間も替えないことがありました。彼はブーツをはく時でさえ、薄手の靴下しかはかなかったのです」）。しかも同時に、あるいはクラウゼによる叙述にかぶせて、あるいはそれと交互に、音響ドキュメンタリーがバックに流れる。国防軍ラジオ放送の一九四二年クリスマス・イヴの放送である。「もしもし、もしもし、スターリングラード……、ビスカヤ（ゲルニカのあるスペイン北部バスク地方の県名〕……、レニングラード……、コーカサス戦線……、大西洋の潜水艦隊、応答願います」。そしてそれらの局が自ら名乗って応答する……。

その間、クラウゼは語り続けている。

「一九三七年のクリスマス・イヴのこと、ヒトラーは私をとても驚かせました。ミュンヘンのプリンツレーゲンテン通り一六番地のヒトラーの私邸で起こったことです。私はといえば、内輪の祝いに招かれていたのですが、ヒトラーが自室に引きこもってくれて、暇になる時をじりじりしながら待っていました。けれども彼は、配り残った贈り物の置いてある部屋に再び入ってきて、贈り物のひとつを選び出したのです。私たちは二人で絨緞の上でそれを包みました。私は冗談のつもりで彼の親指の節を結わえたのですが、すると彼はおどけながら私の襟首を平手で叩いたのです」と。

国防軍放送局が北岬〔ノルウェー北端の岬〕からテュニスまで、大西洋からコーカサスにまで至る全戦線と連絡をつけている一方で、クラウゼは、ミュンヘンでのそのクリスマス・イヴの夜に、どのようにヒトラーがタクシー運転手にたいして絶えず行先変更を指示しつつ、ついには「カフェ・ルイトポルト」〔ブリエンナー通り一一番地〕の前までやって来るという突飛な遠出に彼を連れ出したか、を語っている。しかもこの間、国防軍放送局の次のような放送が聞こえている。

「戦友たちよ、いま一度、古くからの美しいクリスマス・ソング「きよしこの夜」を歌っていただきたい。いますべての基地が、はるか南の方、黒海にいる戦友たちのこの率直な願いを共にしている。さて、他の基地に切り換えてみよう。ほら、フィンランド沖の氷の海で仲間たちが歌っている。さて今度はフランス……、カターニア〔シチリア島東部にある港〕……、アフリカ……。この瞬間、皆が揃って歌っている。《スリープ・イン・ヘヴンリー・ピース》と」。

ヒトラーとクラウゼはカフェには入らないで、ケーニヒ広場の方へと、やはり気付かれることなく戻っていった。「私たちはこうして、誰からもそれと察知されることなく、プリンツレーゲンテン通りのアパルトマンに戻り着いたのです」。

ドキュメンタリー。一九二三年一一月九日の死者たちへの呼びかけ。

ドキュメンタリー。ラジオ・ベオグラードの発表。「こちら国防軍放送局《リリー・マルレーン》。聴取者の方がたに挨拶を送ります」。

「道すがら、私たちは不意に氷雨に見舞われました。そのため私たちは（それまではヒトラーは私の肩にもたれかかるだけだったのですが）、腕を組み合って残りの道のりを歩かなければならなくなりました。その日彼は新しいエナメル靴をはいていたからです。でも、やはり誰かが私たちのことに気付いたに違いありません。じじつ、次の日にヒムラー〔ハインリヒ。親衛隊全国指導者、一九四三年から内務大臣。テロルとユダヤ人絶滅の組織者〕と治安警察護衛隊長のラッテンフーバーが、その行動を誰にも通知しなかったとして私を非難したのですから」(19)。

彼らの年齢がいくつであろうと、これは、突飛な行為（主人と召使いの夜のお忍び）が付随していただけでなく、郷愁《ノスタルジー》を、そしてとりわけあの若い仲間、その独特の規範と彼らの中で指導者となった人間（二人の元親衛隊員、二人の擲弾兵）とにたいする忠実さをもそなえた、仲良しの世界なのだ。ヒトラーは永遠の青年として描写されている。不器用で、質素な境遇の出身で、一度としてはき心地のよいエナメル靴をもったことのないヒトラーが、しかしクラウゼ――もちろん召使いではあるが、なによりも、一緒に絨緞の上にうずくまり、襟首に平手打ちを加え、どっと笑いだす仲間――にたいしてはかくも気取りがないのである。しかも副次的なレヴェルで、死にゆく若き英雄たちの友愛が対位法的に描かれている。「戦友たちよ、いま一度、古くからの美しいクリスマス・ソング……を歌っていただきたい」。その歌は、「ドイツ、世界に冠たるドイツ」でも、「ホルスト・ヴェッセルの歌」〔ナチ突撃隊の歌。「赤色戦線と反動分子の銃弾に倒れた同志たちは、英霊となってわれらとともに戦列を進む」なる句を含む〕でも、「今日ドイツはわれらのもの」でもなくて、郷愁・家庭そして信仰の歌「きよしこの夜」なのだ……。再び純粋さの世界が宗教的イメージの世界、世の初めの神秘的純真さの世界と融合している。

一種のロマン主義たるキッチュ

繰り返し述べておくが、われわれがキッチュなイメージや情動と言う時、それは倒錯のことではなく、単純化され、低俗なもの、無味乾燥なものとなってはいるが、しかしそれだけにいっそう人の心にしみ込む、ある種のロマン主義の定義に関わっている。われわれは皆キッチュの中で生き、どっぷりとキッチュに浸っているのであり、このことからこの種のイメージや情動の影響力——および重要性——が生じている。この影響力は、死および破壊という副次的主題のおかげで戦慄へと変化している。例えばジーバーベルクの映画の中では、二人の擲弾兵の歌、二人の元親衛隊員の不気味な郷愁、地球的規模をもつ戦場の基地間でのラジオ・ネットワーク、葬送の太鼓の連打と一九二三年一一月九日の死者への呼びかけとの系統的使用、これらが存在している。死とノスタルジー。ファシズム一般のうちには、またとりわけナチズムのうちには、郷愁のもつすさまじい力が存在するからである。それも、いわば当然のことだ。

なぜなら、その到来が保証されており、また《まったく別のもの》となるであろう未来の社会を目ざしているマルクス主義とは逆に、ナチズムの眼差しは後方に、失われた前近代の世界に、ノアの方舟以前のアルカイックな世界に向けられているからである。自由主義もまた未来の方を向いている。調和的にであろうとなかろうと、人類は進歩および合理性を合い言葉に前進しているからだ。しかしながらナチズムにおいては、未来社会のモデルは過去の社会の反映でしかない。

第三帝国の美学——死とキッチュの綜合

ジーバーベルクにあっては、これらの主題の並置は意図的になされている。しかし、どのような作品を選び出したとしても、同じ構造が繰り返し現れる。ライナー・ヴェルナー・ファスビンダーの『リリー・マルレーン』を取り上げてみよう。有名な歌〔「リリー・マルレーン」〕にかんして、監督はゲッベルスをして「死の舞踏を基調としたメロドラマ風の歌である」と語らしめている。これが映画の主題であり、第三帝国の美学であり、かつ、ある種の想像力のうちへの第三帝国の反映がもつ美学なのである。じじつここでは、それはもはやキッチュと死との並置ではなく、それらの完全な綜合《サンテーズ》なのだ。キッチュな死は過去を消化吸収するために作り出されている。戦争場面でのあの青味がかった色合い、塹壕の中で物思いに耽っている兵士たち、また、歌の間続いた三分間の恩寵の後に突然に赤や黄褐色の火炎とともに繰り返し現れる地獄絵、そして同じ動きで空中に投げ出される常に同じ屍骸、砲撃にさらされて崩れ去りつつある同じ家屋に砲身を向けた常に同じ戦車。次いで青味がかった光、静寂、そして歌……。

これは、巧妙な象徴的表現をもった死のキッチュだ。なぜなら、死はこの映画の中では、終局的なドイツの黙示録――映画の中でそれとなく示されている――であるかのように、さまざまの形をまとって現れているからである。受けた指令を無視しつつ、自明の戦時法（交渉にやって来た敵の代表を殺してはならない）を破りつつ、殺人者の首を手にしたユダヤ人が、ナチの代表団全体を不意のすさまじい爆発で吹きとばした際に、そのことの予示が看て取れる。しかしこれは、悪魔祓いの手練手管のひとつ、記号《シーニュ》を逆転させつつユダヤ人を描くある種の方法のひとつでもある。この点については後で取りあげる〔第三章一四二ページ以下〕ことにしよう。

ナチズムにとっての「死」

死という主題がナチズムそのものの中でもつきわめて重要な側面は、しばしば指摘されてきてはいるが、どれほど力説してもしすぎることはあるまい。例えばスーザン・ソンタグは、レニ・リーフェンシュタール〔ゲッベルス宣伝相のもとでナチ党大会の記録映画『意志の勝利』（一九三五年）、一九三六年オリンピック大会の記録映画『オリンピア』（三八年）を監督・演出〕の写真集『最後のヌバ』〔邦訳『Nuba ヌバ――レニ・リーフェンシュタール写真集』PARCO出版、一九八〇年〕にかんする一九七五年の論評の中で、第三帝国のもっとも有名な女流映画監督がまたもやお気に入りの主題にたち戻っていることを示した。「〔リーフェンシュタールは〕葬儀がもっとも熱気にあふれ、かつもっとも豪華な儀式となっている社会を被写体として選択することによって、核心をついたように思われる。死者よ万歳！　ということなのだ[20]」と。

ジーバーベルクの映画『ヒトラー、あるいはドイツ映画』にかんする歴史家J＝P・スターンのコメントも、これと同じ固定観念を強調している。つまり、ナチの世界観のまさに基礎をなしていた経済的ないし政治的目標にも増して、ヒトラーと彼の仲間を突き動かしたもの、「それは破壊と死への愛とが彼らにたいして及ぼした魅惑力であった(21)」と。

最後に。ヨアヒム・フェストはヒトラー伝の中で、ヒトラーのもつ演出家としての才能がどのようにして葬儀の際にのみ真に発揮されたか、を示している。「生命は彼の想像力を麻痺させるように思われた。……これに反して、彼の悲観論的な気質は目もくらむような効果を葬儀から倦むことなく引き出した。ミュンヘンのケーニヒ広場で、あるいはニュルンベルクでの党大会の場で、背景を流れる陰気な音楽に支えられ、何十万もの人びとに囲まれつつ、死者を祝福するために勝利の道をのぼった時、巧みな計算にもとづく彼のデマゴギーは文字通り頂点に達していた。リヒャルト・ヴァグナーの音楽が《死を宣伝》したとの言い方が可能だったのとまったく同じように、美学化された政治についてヒトラーの抱いていた認識は、これらの演出のうちに、この種の政治的《聖金曜日〔イエズスが十字架にかけられた「受難日」〕の魔力》のうちに明白に表現されていた。夜という舞台装置への偏愛もまた、死についてのこうした美学的昇華の一部をなす。絶えることなく松明〔浄化、再生を表象〕、薪、火炎の輪〔中世の伝説では、地獄と煉獄における罰を表象〕がともされていた。それらは、全体主義体制の下で人心統御担当の専門家たちの主張に従いつつ、生命の祝福を意図してはいたが、しかし、生命を黙示録的イメージと不可分のものとすることによって、悲壮な効果を通じて生命の価値を低めていたのであり、世界の動乱によって走る戦慄を昇華させていたのであり、また最後に、体制そのものも除外されはしないことが暗に示されている破局を連想させていたのである[22]」と。

伝統としての「死」の主題

そこには、死という主題に培われたロマン主義的伝統、とりわけドイツ・ロマン主義の伝統のずっしりとした重みがある。また、二〇世紀ドイツ文学（リルケ、ゲオルゲ、マン）の影響、一九二〇年代のドイツ表現主義およびドイツ映画――ナチスによって拒絶された芸術ではあったが、にもかかわらずナチスはその感性を共有し、当然のことながらその主題を独占し、取り込んだ――の影響もそっくり存在する。要するに、第一次大戦前からも、しかしとりわけ大戦以後にドイツを包み込んでいた雰囲気が見いだされる。しかも、何にも増してヴァグナー、つねにヴァグナーなのである。この死の主題はナチスにとって独特の次元を、顕著で本質的であり、いわば宗教的で神秘的な次元を担っている。これは何か基本的で不透明で、分析になじまないものとしての死そのものにたいする魅力である。これは、啓示としての、聖体拝領《コミユニオン》としての死なのだ。ナチズムにかんする新たなディスクールは、これらの主題を忠実に転調する形で繰り返している。

したがって、ヴィスコンティの『地獄に堕ちた勇者ども』〔一九六九年作品〕は全面的に死——物理的かつ象徴的な死——に眼差しを向けた作品である。すなわち、家長ヨアヒム・フォン・エッセンベック殺害、収容所でのエリーザベト・タルマンと彼女の孫娘の殺害、ユダヤ人少女リーザの自殺、《長いナイフの夜〔一九三四年六月三〇日の、エルンスト・レーム率いるナチ突撃隊にたいする粛清〕》の際の突撃隊《エス・アー》員大量虐殺、最後に、ゾフィー・フォン・エッセンベックと彼女の愛人フリードリヒ・ブルックマンとの結婚＝自殺。また象徴的レヴェルでは、〔エッセンベック家という〕工業王国および家族の崩壊についての執拗なまでの言及から、間接的ながらヴァグナー、ショーペンハウアー、とりわけ『ブッデンブローク家の人びと』、『ヴェニスに死す』、『マリオと魔術師』、『魔の山』を書いたトーマス・マンへの芸術・文学的言及に至るまで、そしてついには、溶鉱炉の最初および最後の閃光といった黙示録的な箇所に至るまで、いっさいの記号が収斂して、台頭しつつあるヒトラー主義に襲われた世界の衰退と腐敗とを連想させている。ただし、その主題にかんする分析はどうでもよい。重要なのは、ナチズムを死と、しかも日常的恐怖およびありきたりの悲劇としての死ではなく、儀礼化・様式化され、美学化された死、恐怖・老衰・醜悪の担い手たらんと欲してはいるが、しかし結局は有害なフィナーレとしてたち現れる死と不断に同一視することなのだ。

戦慄――新たなディスクールの美学的核心

『地獄に堕ちた勇者ども』の二つの見せ場、すなわち、突撃隊員にたいする虐殺およびゾフィー・フォン・エッセンベックとフリードリヒ・ブルックマンの自殺の場面をとりあげよう。一方は、激しい性的放蕩、目もくらむ異教的な祝宴に続く狂乱の絶頂としての、最終的爆発としての死である。他方は儀式的パロディー――そこでは二個のカプセルに詰められたシアン化物が一組の男女への贈り物を表象している――である。またそれだけでなく、色彩とナチの制服の華麗さの中での、ラスト・シーンの派手な祭儀とヒトラー式敬礼を伴った、マクベスおよびマクベス夫人を、あるいは永遠の劫罰を運命づけられたトリスタンとイゾルデを暗にほのめかしたパロディーでもある。ナチ流の死は、ヴィスコンティにあってもまた他の多くの監督にとっても、見世物であり、演出であり、表現なのだ。このことは、観客にとっては魅惑力、恐怖、エクスタシーを意味する。

しかしながら、死がもたらすこうした魅惑力は、死が《啓示》としてたち現れる時にはじめて強烈きわまるものとなる。以下のような特殊な点を除けば、すなわち、キリスト教的な宗教的伝統にあっては、死は、神秘的にしてかつ具体的な、特定されてはいないが同時に疑う余地のない、どこか別の場所の啓示を意味している、という点を除けば、死についてのこうした見方は明らかに宗教的起源をもっている。そうしたものはナチ流の死にはまったく存在しない。『魔王』のラストシーンのひとつはそのことを示している。「テラスの敷石は雪解けによる汚れのない、一面の真っ白な雪に蔽われていた。三振りの剣の下のところを除けば、手すりも同じように白かった。それぞれの剣の下には、真紅のマントが投げられたかのように、広く赤い汚点ができていた。そこに全部で三人、ハイオ、ハロー、そしてロートハルがいたのだ。忠実な仲間にして友達である白い髪の子どもを両側からはさむ赤毛の双生児。彼らは腹から背中まで刺し貫かれ、目は虚空に向かって大きく見開かれ、ひとりひとり、異なった切先傷を受けていた……。星影は消え、子どもたちのゴルゴタの丘〔イエズスが十字架にかけられたエルサレム郊外の丘〕は闇夜にそびえていた[23]」。

キッチュと恐ろしさとが、恐怖《テロル》および死の反映と、刀剣、夜、刺し殺された三名の犠牲者、真っ白な雪の上の血痕、虚空に向かって大きく見開いた目、消えた星影、ゴルゴタの丘、闇夜などといった、擬似霊性《スピリテュアリテ》を示す諸々の象徴との積み重ねの過程を通じて醸し出されている。われわれは、ナチズムにかんする新たなディスクールがもつ美学的次元のまさに核心にたち至っているのだ。ここには、戦慄の本質、つまり、シンボルの過剰、バロック的演出、啓示——しかし、恐怖および暗闇以外の何ものにも行きつかない啓示——として、言葉の真の意味での黙示録として示された死生観を包み隠す、神秘的・神話的・宗教的雰囲気がある。あるいは……。あるいはその啓示は、抗いがたい破壊へと人を導く神秘的な力の啓示なのかもしれない。

エルンスト・ノルテは『ファシズムの時代』〔一九六三年刊〕の中で、ファシズムは伝統的な宗教観とは違って、さらにまたマルクス主義、自由主義とも違って、「超越性の拒否」である、と主張している。科学的な議論になじまない、あまりにも漠然としたこの表現は、曖昧な現実を示す隠喩としてのみ関心をひく。より仔細に検討するならば、一種の負《ネガティヴ》の超越性——人間およびその世界は、不可避的な破壊へと至る盲目的な運命に支配されている——が看て取れるからである。

運命に忠実な英雄

まさにそれゆえに、新たな次元を伴いつつ英雄の主題が執拗にたち現れる。つまり英雄とは、破滅と死を明確に認識しているにもかかわらず、自分の運命にいつまでも固執する人間なのだ。しかしナチズムは、ここに《聖者たちの共同体》を持ち込んだ。死者たちは、冷酷な運命に向かって生者たちと一緒に行進しつづける（《……われわれと肩を並べて行進する……》）のである。一一月九日の死者たちの祭典、これは、「ホルスト・ヴェッセルの歌」、《永遠の歩哨》という主題とともにナチの典礼の中で中心的な要素をなす。一九三三年の映画『ハンス・ヴェストマー』〔宣伝相ゲッベルスの意にかなわなかった映画『ホルスト・ヴェッセル』を手直しした作品〕（公式宣伝によれば、共産党員たちによって殺された、突撃隊員ホルスト・ヴェッセルというナチ党の英雄を様式化した物語）のラスト・シーンを想い起こしていただきたい。険悪な雰囲気の中で葬儀が始まり、かろうじて警察に守られている葬列は敵意に満ちた群衆に取り囲まれている。さらにこの群衆は警戒線を突破することに成功し、暴れまわる。とはいえ、死者の埋葬はなんとか彼の仲間たちの前で行なわれ、その後、音楽の音が大きくなると、背景の雷雲にオーバーラップして、手に旗を握ったハンス・ヴェストマーが姿を現す。そしてここに崇高なイメージが示される。突撃隊員たちが行進し、「ホルスト・ヴェッセルの歌」が鳴りひびき、しかも、やはりオーバーラップする形でハンス・ヴェストマーが同志たちと同じ歩調で歩んでいるのである(24)。

体制初期に見られたこのような礼賛と、後に、とりわけスターリングラードでの敗北〔一九四三年一月末〕の際に組織された葬儀との間には大きな隔たりがある。また、突撃隊《エス・アー》（究極革命という夢を抱いた突撃隊）の輝かしい行進と、親衛隊員たちの死への陰鬱な共感《コミユニオン》、ナチズムにかんする新たなディスクールが再び取り上げているまさしくあの共感との間には大きな隔たりが存在する。

キッチュを包む擬似霊性——伝説・神話の世界

このキッチュを覆う擬似霊性にたち戻らなければならない。そこでは、秘教および秘儀が絶えず利用され、また、やはり頻繁に伝説・神話の世界への言及がなされている。

ミシェル・トゥルニエは『聖霊の風』の中で「神話とは基本となる物語だ……。それは、誰もがすでに知っている物語なのだ」[25]と書いている。そしてトゥルニエ自身、『魔王』の中で諸々の神話を絡み合わせた。ナチズムにかんする新たなディスクールをもたらしている人たちは、直観的にであれあるいは意識的にであれ、神話は肥沃な土地、狩りをすべき場所、再び手に入れるべき輝きである、と感じているのである。

じじつ、形式上の構造のみを重視するのではなく、実際の意味の担い手としての物語が担う内容をも検討する神話的物語へのアプローチ〔ユング〔カール・グスタフ。スイスの精神病理学者。深層心理や個体をこえた集団的無意識の存在を主張〕、エリアーデ〔ミルチャ。ルーマニア生まれの宗教学者。人間の本性としての宗教性を神話、象徴儀礼のうちにさぐる〕、バルト〔ロラン。フランスの社会学者、批評家〕、トゥルニエ〕はすべて、神話が往々にして無害で情況的かつ日常的な語りを通じて、普遍的影響力を及ぼそうと望むメッセージを伝達している〔バルトならば、指導的諸階級の権力を基礎づけるべく、イデオロギー的目的のために、と言うであろうし、またユング、エリアーデ、トゥルニエならば、始源的なるものおよび聖なるものを引立たせる、正真正銘の解明を目的として、と言うであろう〕、ということを教えてくれている。われわれが手にしている物語の中でもっともありふれたもの、『リリー・マルレーン』をもう一度取り上げよう。

ララ・アンデルセン〔本名はリーゼ゠ロッテ・ヘレーネ・ベルタ・ブンネンベルク〕お

よび彼女の歌「リリー・マルレーン」。やはりドイツ女性でありながらアメリカ国籍を取得してナチス・ドイツに挑戦したマレーネ・ディートリヒも同じ歌を歌った〉についての実話は、世界戦争の最中にあってはごく小さな出来事である。とはいえ、小柄な女歌手――すさまじい爆弾の音や大砲の発射音が鳴りひびく中で同じノスタルジーのうちで共感しあいながら、敵味方両陣営の数百万の兵士たちが口ずさむことになる感傷的流行歌を歌う女歌手――のあの華々しい人気急上昇には神話的性格が存在する。この神話を成り立たせる原理は、憎悪や死以上に強力な、情動やノスタルジーや愛のもつ基本的な力能である。しかしこの力能は誰にたいして作用するのだろうか。まさにこの点においてヴェルナー・ファスビンダーは、もともとの神話的構造にいまひとつのきわめて重要なレヴェルを付け加えた。すなわち、その力能は普通の人びと、すべての国家のただの一兵卒たち、小柄な女歌手ヴィルキー〈英訳版でもヴィッキーとなっているが、映画の中での役柄名はヴィルキー・ブンターベルク〉が属している民衆にたいして作用する、としているのである。しかも、本質的に善良で寛大かつ勇敢な〈兵士たちの顔つきを見よ〉この民衆に対して、また、犠牲者となりつつある数百万〈ファスビンダーは、六〇〇万、とわれわれに語っている〉の名もなき英雄に対しては、悪しき権勢家、権力と金を保持している権勢家――すなわち一方のチューリヒにいる族長に体現されるユダヤ人資本家たち、そして他方の強烈な光、つまりアドルフ・ヒトラーに象徴されるナチズム――が対置されている。しかもこのようにして、もはや真の戦闘はナチスとその敵との間ではなく、一方での〈悪〉の権勢家〔ユダヤ資本主義およびナチズム〕と他方での善良な民衆〔ヴィルキーと彼女の歌、きわめて善良な、あの奇妙なピアニスト、そして数百万の名もなき兵士たち〕、つまり死にゆく人びととの間で交えられる。この物語には隠れた英雄、〈悪〉の仮面をかぶりつつ〈善〉を助ける、隠れた英雄がいる。ナチ親衛隊の制服を身につけながら、レジスタンスを支援する、ヒンケル〔ナチ親衛隊長〕の副官がそれだ。この物語にはまた、見かけだけの英雄がいる。

臆病者、卑怯者で裏切り者（善良な人間のように思われる最初からのことではなく、第二の、現実のレヴェルにおいて〕のローベルト・メンデルスゾン〔英訳版でもMendelsohnと綴られているが、映画の登場人物はMendelsson〕である。最初のうちは、民衆の協力者であり、家長と対立し、勇気のあるところを示し、人を愛する能力をもっていたにせよ、しかし彼は結局一族のもとに戻り、力や金や栄光〔映画の最後のところで、まさに彼は人気ある指揮者としてユダヤ人資本家たちの勝利を体現するに至るのにたいし、他方ヴィルキーは闇の中に放り出されている〕にいつまでも加担する。表面上の闘いの背後での、この真の闘いにおいては、では結局のところ、勝利はいずれの手に渡るのだろうか？　今述べたように、ヴィルキーは見捨てられており、資本主義が大勝利者となったかに見える。しかし、結末の場面でひとこと喋るのはヒンケルの副官——名もなきレジスタンス兵士——である。彼はヴィルキーにたいして次のように説明する。自分たちが復権されるまで長い間待たなければならないだろうが、希望は残されている、自分たちの闘いが認められる時が到来するだろう、と。かくして、おそらくはヴィルキーと彼女の仲間もまた、苦難の時期を経て正しく理解されるのだろうし、象徴的に言うならば、彼らとともに再び〈善〉が日の目を見ることになるのだろう……。

神話とキッチュとの必然的関係性

始源的で隠された真理および諸価値を啓示するという機能の点で、神話は影響力および霊感の源泉であり、首尾一貫性の媒介者であり、果てしのない現在を予告している。

ジーバーベルクは、彼の映画の原作への序文の中で[26]、ナチズムの時代にもまた現在も、神話とキッチュとの間にはほとんど必然的ともいえる関係性が存在することを、はっきりと見抜いていた。「現代の神話を理解するには、キッチュの平凡さとささいな事柄いっさいの大衆性——過去の土台をさらにさかのぼる、滅びた世界の最後の痕跡——をまじめに取りあげる必要がある」と。キッチュは神話の堕落形態ではあるが、しかしキッチュがもつ情動的インパクトの一部（英雄の死、永遠の歩哨、神々の黄昏）を神話的内容から引き出している。神話は滅びた世界の痕跡、反響なのであり、過度の合理性に侵された想像力に取りつき、またそれゆえ、アルカイックなものおよび非合理性の結晶点となる。

『リリー・マルレーン』にあっては、いっさいがキッチュであり、また同時にいっさいが教訓譚を発散させている。外見に反して、『リリー・マルレーン』のうちにはアイロニーは少なく、すべてが伝説および聖なるもののリズムを帯びている。また〈善〉と〈悪〉とが識別される。物語のもつメロドラマ的側面（薄情な金持ちの青年が、おとなしくて愛らしい、貧しい乙女を見捨てる）の背後には重大な悲劇のしるしが見える。時間の神話的無化までが、ここで語られている物語が単なるエピソードではなく、具体的な人物を通じてよりもむしろ典型的な人物を通じて描かれる永遠の真理の表現である、ということをわれわれに告げている。確認していただけるように、最初は一九三八年に、そして最後は一九四五年という時点に目にする主役たちの顔つきに、あるいは振舞いには何の変化もないからである。七年という歳月——彼らのひとりひとりにとって何という七年間であっただろう！――の間に、彼らの皺はひとつも増えておらず、ほんのわずかの老いの兆候も見られない。彼らは時間と無関係なのだ。

そして、こうした神話的土壌の上には、じつに当然のことながら、さまざまな側面を併せもつ黙示録が生じてくる。始まりと終わり、起源と消滅についての典型的な物語である神話は、きわめて強力な主題――それには明らかに死という主題が含まれている――をキッチュにたいして提供している。この点で神話は、キッチュと死との間の、つまりあれほど根本的に不協和音を発するあの二つの要素の間の橋渡しをなす。それらの対立関係は消えることなく存続してはいるが、しかし神話的基層によって、これらのあい対立する要素を想像力のまさに奥深くに作用するように思われる自然な綜合のうちに結びつけることが可能となっている。〔＊3〕

イメージを伝達する言語

したがって、ナチズムにかんする新たなディスクールの美学においても、またおそらくはナチズムそのものの美学においても、この点で重要なのは、調和（キッチュ）および死というあい対立したイメージの並置、優しさおよび恐怖という、はげしく矛盾しあう感情の並置である。しかし、こうした二系列のイメージや内容は、映画の場合であれ書物の場合であれ、特殊な言語によって伝達されている。その言語は、その形式的側面および外面的諸特徴のゆえに、私が本章を通じて明らかにしようと試みてきた美学的な影響力の点である役割を果たし、またまったく同様に、これから検討するごとく、《ヒトラー効果》の中で作用を及ぼし、また悪魔祓いの策略の中で決定的位置を占めているのである。

一瞥しただけで、この言語が畳みかけ、反復、冗漫の言語であることが明らかとなる。つまり、同義語の多用、同じような形容語の過剰、じっさいには代わる代わる作用するきらびやかなイメージ、これらが果てしなく相互に反響しあうのである。それは、相互に関連する議論や段階を経ながら展開される論証のための直線的言語ではない。それは、さほど直接的ではないが、同じように体系的かつ有効な形態をまとった、祈りのための循環的言語なのであって、たゆむことなくもとに戻り、ある種の祈りの際に単調に朗読される言葉、熱狂状態に至るまで同じリズムに従う踊り、太鼓の連打による集合の合図、あるいは単に、今日のパレードの際の重苦しい音楽、行進中の部隊の鈍い足踏みの音……と同じように、反復を通じて一種の催眠状態をつくり出す。ジーバーベルクの映画全編を通じて幾度となく挿入される、一九二三年一一月九日を記念する式典の間の太鼓連打と死者への呼びかけ、そしてバックグラウンドに流れるいくつかのナチ・ソングの絶え間ない繰り返し、これらは、この種の言語が極限にまでおしすすめられた、意図的な映画表現なのである。『リリー・マルレーン』の中で類似の効果を醸し出すのは明らかに歌の繰り返しであり、またそれだけでなく、様式化された方式での同じ場面あるいは数千名の兵士を収容したベルリン・スポーツ宮殿の燃えるような雰囲気の反復、そして鉤十字旗《ハーケンクロイツ》のショットの多用……も類似の効果をもたらしている。

同義語が及ぼす不断の働き、意図するところにとって核心的な表現や感情を豊かにし、強める類似イメージの繰り返しは、さほど明白ではないにせよ、おそらく同じくらい有効であろう。例として、一一月九日を記念する式典におけるコーラスのせりふから抜き出しておこう。

われわれは、〔疲れ切ってしまって〕ハンマーが手から落ちるまで、帝国の永遠の将軍廟《フェルトヘルンハレ》〔一九二三年一一月九日の「ミュンヘン一揆」が粉砕されたのは、ミュンヘンの将軍廟前〕を、永遠性へと至る階段を築いている。その時には、われわれをこの祭壇の内部に閉じ込めてくれたまえ。(27)

直ちに、「永遠の」あるいは「永遠性」という語の繰り返しに気付く。しかし、このテクスト中にあるその他のイメージもすべて、じっさいには同じものを表現している。つまり将軍廟とは偉大な軍事指導者に対し〔永遠に〕敬意を表する霊廟であり、ハンマーは永遠の眠りにつく人びとの手から落ちるのであり、またここでは、永遠の眠りとは永遠不滅の信仰共同体でもある。「われわれをこの祭壇の内部に閉じ込めてくれたまえ」等々といった祈りの声があがるからだ。

こうして、言語の構造とディスクールの形態とが、提出された諸々のイメージの宗教的・神話的内容を強化する。しかもリズミカルな反復が、この内容のもつ呪術的効果に付け加わるのである。

反復・畳みかけの効果

類似表現の同じ畳みかけや〔類似表現〕相互の間での同じ投げ返しを見つけだすために、ここで新たなディスクールの諸々のテクストに戻る必要はなさそうである。これまで引用してきたテクストはどれも、その証拠を数多くもたらしているからだ。例えば、死という主題は、可能な限りの角度から繰り返されており、しかもその周囲には夜、炎、果てしない遠出等々のイメージが認められる。しかし、ナチズムが問題となるのであれ、その反映が問題となるのであれ、そのことは、今もなお解明が困難な問い、すなわちこれらの方法がもたらす効果という問いの一側面と関連している。ニュルンベルクにおいて一挙に一万本もの旗がたてられるのを目にするという事実がどれほど観客を魅了したか、また、大会の場にぎっしりと集まった一〇万名の隊列が理解を絶する形でどれほど観客の心を揺り動かしたか、は周知の事柄である。弱められた形でではあるが、われわれが検討しているような類の言語についても同じなのだ。

じじつ、私が話題としている畳みかけは二つのあい対立した効果を生じさせかねないし、また現実にそうした効果を生じさせている。すなわち、一方においては、いっさいの自由な空間の排除とイメージの増殖そのものとは、一般的にはキッチュを指し示し、そしてより個別的には、これまでに示してきたように、ナチズムおよびその反映のうちにはいり込んでいる、あの共同体的感動および宗教的感動を指し示す融合感と甘ったるい調和感とを観客ないし読者のうちに惹きおこすことができる。[*4] しかし他方では、同じ畳みかけ、繰り返されるイメージや音や類似の表現の同じような詰んだリズムは、急激な感情の高まり、息苦しさ、恐怖、大混乱を喚起しかねない。かくして、われわれが明確にしてきた、諸々の主題のもつ二分法《ディコトミー》は、特殊な効果を醸し出すための言語――これについては、このエセーの終わりのところで解釈する必要が生じるであろう――がもつあい矛盾した側面のうちに反映している。ヒトラーという人物へと目を転じつつ、言語のいまひとつの側面を再度取りあげることにしよう。

第二章　二つのヒトラー像

――キッチュとニヒリズムの魅惑力

ジャン・テュラールは、『ナポレオン』と題する著書の中で次のように書いている。「[一八一五年]七月二一日のこと、セント・ヘレナ島への流刑の旨を皇帝に伝えるためにキース卿〔ジョージ・キース・エルフィンストーン。イギリスの子爵、海軍提督〕がベレロフォン号に赴いた。ナポレオンの運命は最終的に確定したのである。彼がアメリカ合衆国の農場主であるとか、あるいは年老いたイギリス人女性と紅茶を飲んでいるとか想い描ける人などいるだろうか。彼にまつわる伝説は突如粉々に砕かれてしまった。彼には殉死が必要だったのである」[1]と。テュラールのこうしたテクストは、ナポレオンの業績がたどった歴史的航跡と伝説が及ぼす反響とを明確に区別している。しかも伝説は、業績——偉大な業績であれ、犯罪的なものであれ——とは部分的に別個のものであって、何よりもまず生涯のうちの一時的に華々しい軌跡を糧としている。それゆえわれわれは、ヒトラーという人物が今日の想像力を惹きつけている直接的モデルとそれについての簡単な説明とを、ナポレオン伝説のうちに看て取れよう。部分的にはそうかもしれない。しかしながら私の見るところ、ナチズムにかんする新たなディスクールの中心軸をなすこの魅惑力は別の土壌を温床としている。ナポレオンの魅力とヒトラーの魅力とを区別しているのは、ある業績と結びついている生涯と、空虚にのみ帰着する軌跡との間にある、漠然としてはいるにせよ、周知の差異だからである。ヒトラーの魅力は、無に由来する力、そして、並外れた権力を集め、類例のない戦争を激発させ、かつて想像しえなかった罪を犯したあげく無へと帰着した力、世界をずたずたに切り刻んだ末に虚無の底に沈んだ力なのだ。

ヒトラーの個人生活の細部についての叙述

こうした本質的なニヒリズムは、ごく早い時期からヒトラー・イメージの謎の領域を形成していた。[2] しかしそれと同時に、とりわけ第二次世界大戦終結直後から、総統の個人生活にまつわる細部への異常な好奇心が広汎な読者の興奮を誘った。すなわち、召使い、秘書、通訳、報道担当官、副官、実際の愛人あるいは愛人と想定された女性、幼友だち、男子用簡易宿泊所〔一九〇九年九月から一〇年二月までヒトラーが住んだウィーンの浮浪者収容所。その後一三年五月まで独身男子寮《メンナーハイム》に〕での同宿人、外国の外交官、将軍、党のお偉方、そうした人のひとりひとりが、何でもかんでも——例えば、靴ひもの色、眼鏡の厚さ、性生活の特徴、激怒、オペラ趣味、芸術愛好、設計家としての才能、演説の起草、食餌療法、病気への恐怖心、執務の習慣、お菓子・犬・金髪《ブロンド》の子ども・大型オープンカー・鞭にたいする好み、等々を——知りたがる、また、悦にいってそれらに聞きほれる読者の耳に証言を吹き込んだ。終戦後一世代を経て、まさにこれら二つの事柄を背景としてアルベルト・シュペーアの回想録が出版された。その時までは恥ずべきものとされてきた魅惑力が、いかに控え目な形ではあれ、再び言葉に表されたのである。

シュペーアはこう書いている。「私にとっては、護民官アドルフ・ヒトラーのイメージは今もなお、私の記憶のうちに蓄えられた無数の細ごまとした事柄のゆえに、まったく不可解なものであり、決定的な形で明確化することができない。生活を共にしなかった人のもつ距離《ディスタンス》が私には欠けているのだ[3]」と。

じじつ、シュペーアが認めているように、ヒトラーの不思議な影響力は彼ら二人の関係における中心主題《ライトモティーフ》や持続的要素をなしている。総統の側近中もっとも知的な人物のひとりであり、軍需相となった、総統お気に入りの建築家〔シュペーア〕も、他の人びとと同じように——しかも最後に至るまで——この怪しげな魔力に囚われていた。一九四三年の一光景を想い起こしながら、シュペーアは述べる。「彼〔ヒトラー〕の言葉はその不思議な力をなにひとつ失ってはいなかった。そのうえ、正確に言うならば、ありとあらゆる策謀や抗争が彼の言葉ないし彼の言葉が表わすものを獲得目標としていた。われわれひとりひとりの地位はみな、彼の言葉にのみ左右されていた[4]」と。

こうした情動面での隷属状態は最初から最後まで維持されていたのだ。

ヒトラーの自殺が報じられた翌日〔一九四五年五月一日〕、デーニッツ〔カール。提督。ヒトラー自殺の直前に帝国大統領、国防軍最高司令官、国防相の後継者に指名された〕の宿舎にいたシュペーアは、トランクを開けている時に、ヒトラーの肖像写真のはいった赤革の小箱を見つけた。女秘書がトランクの中に入れておいたのだった。彼は写真を机の上においたが、発作的に泣きたい気持ちに襲われた。「ようやくその時になって、私をヒトラーにつないでいた絆が断ち切れた。彼の不思議な魅力が働きを止めた」(5)。

この肖像写真や雰囲気がはらむ親密さは強い印象を与える。おそらくは女秘書がその肖像写真をそこに入れておいたのであろう。しかし、彼女がそうしたからには、その写真は大臣の机の上で、あるいは大臣のアパルトマンで中心的な場所を占めていたはずである。これらは、死のみが取り除きうる愛着の兆候なのだ。「彼の不思議な魅力が働きを止めた」。

日常生活の細部と虚無の力との並置

シュペーアの回想録において、それらの回想が新たなディスクールの中で及ぼすことになる作用を生む要素は何だろうか？　次第にこの新たな魅惑力――そのディスクールの中で発揮されている魅惑力――の要素となっているのは何だろうか？　それは、ヒトラーの生活の日常的諸側面と、虚無のもつあの力のイメージとの並置、さらには融合である。ここで、この魅惑力は前章で論じた美学的影響力と性質を同じくしていることを示そうと思う。すなわち、前章ではキッチュと死、本章ではヒトラーのような人物――やはりキッチュに包まれたごくありふれた人間――のますます頻繁な提示、またそれと同時に、無に向けて投げかけられた、ほとんど超人間的ともいえる力能のイメージである。しかもこの点でも〔本書二〇ページ、二七ページを参照〕われわれは自明の事柄にぶつかることになろう。つまり、こうした現代の魅惑力の構造は、多くの点で過去の影響力の構造と符合していると思われるのだ。

親密感をよびさます細部描写

われわれの解釈全体の中で決定的な役割を担っている、あのキッチュな感受性という輝きにすっかり包まれつつ、ヒトラーの日常的側面が新たなディスクールのうちに再び姿を見せている。とはいえ、その手法は一目見ただけでは常に明らかなわけではない。時として見受けられるのは、これという特徴がないと思われている細ごまとした事実、じつに執拗なまでの細部だからである。

「一八八九年四月二〇日、寒暖計が摂氏七度、湿度八九%を示していた、どんよりとした土曜日の午後六時三〇分、復活祭前日の日没少し前に、オーストリア人夫婦アロイス・ヒトラーとクラーラ・ヒトラーは、ブラウナウ・アム・イン〔ミュンヘンの西方一二〇キロ、ザルツブルクの南六〇キロ、ドイツとの国境をなすイン川沿い〕という町の小旅館兼居酒屋「ガストホーフ・ツム・ポマー」で息子をもうけた」。ヴェルナー・マーザーはドイツの将来の指導者にかんする伝記をこうした書き出しで始め、また続けて次のように記す。「二日後、復活祭の月曜日の午後三時一五分——ごく近くのリンツ州立劇場では、オーストリアではごく人気のある歌「愛をすこし、誠実をすこし」を用いたミレッカー〔カール。オーストリアの作曲家、指揮者。『乞食学生』(一八八二年)なども作曲〕のオペレッタ『呪われた城』がちょうど始まったところだった——に、ブラウナウのカトリック司祭イグナッツ・プロープストがその子どもに洗礼を施してアドルフ・ヒトラーと名付けた」[6]と。

さて、こうした正確さはどうでもよいことではない。ごく細ごまと具体的事実に訴えることによって、著しく親密な雰囲気を醸し出しているからである。しかしそれは、読者と主題の双方を伝説のもつ捉え難い輝きで包み込む親密さなのだ。読者や主題は、村の宿屋〔居酒屋を併営〕、復活祭の前日、愛と貞節とを歌うミレッカーのオペレッタ、どんよりとした午後の憂鬱さ、そしてもちろん、父、母、生まれたばかりの子どもという家族的牧歌、これらを備えた魅惑的な場へと運ばれてしまう。ジーバーベルクの映画の中でのいくつかの光景、とりわけクリスマスの遠出が想い起こされる。この点についてはまたすぐ後で触れよう。

ジョージ・スタイナーが小説『A・Hの移送』[7]の中で描いているフィクションとしてのヒトラーは、はるかに奇妙ではあるが、しかし直接的表現のレヴェルでは同じ規準に従ってスケッチされている。総統は未だ死んではいない。長年にわたる絶え間ない捜索のあげく、イスラエル人の一集団〔謎の指導者リーバーによって遠くから操られている〕は、ブラジルのジャングル奥深く、暗闇の只中へとはいり込み、そこで総統を見つけ出す。アマゾンの森の中に身を潜めていたよぼよぼの老人。三〇年前に帝国総統官邸で死んだのは影武者だったのだ。

帰還の旅が始まる。恐るべき困難と闘いながら、その小集団は老人をサン・クリストバル――そこではおそらく彼をイスラエルに移送する手筈が整えられているのであろう――へ向けて連行してゆく。ところが、一行の一員が死に、その他のメンバーも疲労し、帰還のための状況がますます覚束《おぼつか》ないものになったために、彼らは足止めを余儀なくされる。ヒトラーはその場において裁判にかけられることになる。

帰還途上でヒトラーが実際に姿を見せる最初のシーンで、彼はまず泥沼に倒れ込み、次いで丈夫な手で蛇〔邪悪、サタンの象徴〕を指差す。これは明白な象徴表現ではないだろうか。しかも、老人ヒトラーが初めて口を開いた時、彼は次のように言う。「音楽、音楽……、私に音楽を聞かせてくれ。とても長い間音楽を耳にしていないのだ。おそらくもう数年来のことになるだろう。美しいもの《ブルーメン》よ。女性が歌うのを聞いたのはずいぶん前のことだ(8)」と。フィクションとしてのヒトラーに言及するとなるとおそらくは必ず、スタイナー描くところの登場人物の顔にこびりついたアマゾンの沼地の泥のように、この種の連想が人物描写にぴったり適うことになる。しかし、まさにジーバーベルク、ファスビンダー、そしてシュペーアの作品においては、ヒトラーの日常性はキッチュの極みにまで達しているのである。

幼時の夢の喚起

ジーバーベルク描くところのクリスマスの夜の場面——召使いのクラウゼが記憶を

手繰っている場面〔本書四二ページ以下〕を少し想い出していただきたい[9]。そうすると、きわめてアルカイックな伝説、心のごく奥深くに秘められている、われわれの幼い頃の夢が蘇ってくる。つまりヒトラーは、貧乏人の身なりをしながら都会の道路を歩きまわる、伝説中の《秘密の王子》〔マーク・トウェイン『王子と乞食』〕であり、王女が見つけ出すみすぼらしいヒキガエル〔グリム童話「カエルの王様」〕であり、夜中に一夜の宿を乞うために家の戸をノックする貧乏人である。あるいは彼は、単なる通行人あるいはおそらく喫茶店のボーイに扮装した警察署長ないし名探偵〔エーリヒ・ケストナー『エーミールと探偵たち』〕である。要するに彼は、胸ときめかす幼時の夢の表現なのだ。ところで、どの伝説の中にも、またいかなる夢の中にも、激しい戦慄の瞬間、すなわちヴェールが取り除かれる瞬間が存在する。突如としてヒキガエルが王子に変身し、警察署長は正体を現すのであり、こうして誰もが、自分を勝利の瞬間のあの王子、あの警察署長である、と想い描く。人間的なるものおよび日常的なるものと、連想されたりあるいは暗黙のうちに示されたりしている全能性との並置は、必ずや不思議な暴露の瞬間へと至るのだ。

ヒトラーへの同情の喚起

われわれは同情についての現象学をもちあわせていない。クラウゼは次のように物語る。「彼に明るい色のスーツに合わせた色物の靴をはいていただくことは長年にわたって不可能でした。最初の三年間、彼は明るい色のスーツに合わせて、黒のクレープあるいは絹の靴下と黒のエナメル靴をはくことを原則とすらしていました。靴下にかんして彼はよく不平をこぼしていました。靴下が自分のふくらはぎにはいつも短すぎ、踝《くるぶし》までずってくる、と言い張っていたのです。そうすると、「ドイツ人民の総統がしかるべき靴下一足を手に入れることは本当に不可能なのかね」と大声をあげたものです。そこでカンネンベルク夫人と私は、ベルリンの店々へ買いに走りました。色物のスーツに黒靴下は悪趣味なものでした。しかしこの点についても、彼が納得するには数年間が必要だったのです……(10)」。

あの大人物、〈歴史〉を作り、解体したあの人物が、靴下とスーツとを合わせられなかったのだ。この場合、女店員を動転させたのは、《日常生活の諸問題を前にしてなす術のない天才》もしくは《純真な子ども》の側面である。ここでは同情は、生活の些末事に直面した際の英雄の弱みから生まれる。観客は場面に溶け込み、かつ、自分の方が優れていると感じる。観客自身はふさわしい靴下を選ぶ術を心得ているからだ。「ドイツ人民の総統がしかるべき靴下一足を手に入れることは本当に不可能なのかね」とヒトラーが叫ぶ時、感動は頂点に達する。観客はその叱責が不当である――総統その人が適切な靴下を選ぶ術を心得ていないのであり、しかも彼自身だけが非難されるべきなのだ――ことを知っているからである。しかしながら、この二つの弱点は両方とも大目に見られる。

『リリー・マルレーン』にもたち返ろう。あらゆる戦場、そしてすべての人びとを魅了し始めていた流行歌を歌う小柄なヴィルキーが、ゲッベルスの補佐官であるヒンケルの執務室にいる。ヒンケルは彼女をわがものにしようと望むが、彼女は同意しない。彼は脅しをかける。不意に副官がはいってきて言う。「総統がリリー・マルレーンに会いたがっておられます。明日五時、お茶の時間に」と。補佐官ヒンケルは口をぽかんと開けたままでいる。「総統が?」。映画館の観客席を満足感の高まりが通り過ぎるのが感じられる……。こうして、まさにスターリングラードを征服しようとし、大英帝国の崩壊を準備しつつある総統、やがては世界を支配するであろう総統、その彼が、取るに足らない女歌手と、愛や郷愁を歌う彼女の小さな歌とにたいして関心を抱いているのである。

建築にたいするヒトラーの熱中

建築にたいするヒトラーの熱中は、この心安さ、この人を惹きつける側面に独特の次元を付け加える。じっさい、第三帝国の支配者が抱いたあの真剣な芸術的関心、細部にたいするあの愛着、あの驚くべき専門知識、そして、建築物の断面図や正面あるいは階段にかんする議論や美術館の計画をドイツ民族の指導者が優先させたこと以上に感動的なものがあるだろうか？　周囲のすべてがすでに崩壊しつつあった時に、彼が幼少時を過ごした都会、リンツを再建しようとしたあの夢ほど衝撃的なものがあるだろうか？　戦争以前にも、体制の高官たち、総統への協力者たちにはわかっていたことだが、シュペーアが設計図を携えてきた時には緊急の用事は終わりとなってしまうのだった。それゆえ、時々シュペーアは設計図を電話交換台に隠すよう要請を受けた。しかしヒトラーは常にだまされていた訳ではない。丸めた図面をみずから捜しに行ったのである。[11]それは、宿題をするのを拒んで、模型電車で遊ぶために駆けてゆくいたずら坊主なのだ。

ヒトラーの情熱をもっともかき立てたのは、帝国の将来的な首都の模型である。それは、官邸と通路でつながった芸術院のかつての展示室に組み立てられていた。ときどき夜遅くなってから、総統はついてくるよう客を促した。懐中電灯と鍵を手にして彼らは出かけた。人気《ひとけ》のない部屋では照明灯が模型を照らし出していた。「私は何ひとつ解説をつける必要はなかった。ヒトラーが目を輝かせて同行者たちにいちいちこと細かに説明したからだ(12)」とシュペーアは付け加えている。

示唆に富む光景を今ひとつ。パリが陥落した翌日〔一九四〇年六月二五日〕、ヒトラーは将軍たちに囲まれ、シュペーアを傍に従えてフランスの首都にいた。ヒトラーは、シャンゼリゼ大通りでの大パレードや、征服された都市での勝利の視察よりも、オペラ座への観光訪問の方を好んだ。彼はオペラ座を隅々まで知っていた。年老いた白髪の劇場案内人につき添われつつ、建物の中で一行を案内したのは彼である。前桟敷〔舞台両脇の特別ボックス席〕のところで、彼はひとつの小部屋《サロン》がなくなっていることに気付いた。劇場案内人もその事実を認めた。その席は数年前の改修の折に取り払われていたのであった。「どれほど詳しく知っているか、これでわかったろう」とヒトラーは満足気に述べた(13)。古今を通じてもっとも偉大な軍事指導者が、彼のもっとも華々しい勝利の翌日に、建築にたいする情熱に押し流されているのである。

自殺直前のヒトラーの孤独

しかし、戦争が長びき、敗北があい次ぐにつれて、ヒトラーは次第に彼の取巻きから離れ、ますます自分の殻に閉じこもるようになった。一九四三年秋、依然として大西洋からドン河まで、北岬からギリシアまでを覆う大陸を制圧していた頃、彼はシュペーアにこう語った。「ブラウン嬢と犬という二人の友しかもはや私に残されなくなる日がいつか来るだろう」〔前掲邦訳『ナチス軍需相の証言』下、七五ページ〕と。

恐怖と憐憫、これらは悲劇の二つの領分である。さて、世界の支配者たる彼が地下壕《ブンカー》に隠れている時に、彼のごく側近であった勇士、ゲーリング〔ヘルマン・ヴィルヘルム。一九四一年六月に総統の後継者として指名された空軍最高司令官、帝国元帥。四五年四月末、権限譲渡を主張したため、ヒトラーによって罷免される。ニュルンベルク裁判で死刑判決、自殺〕とヒムラー〔四五年四月末、連合国に部分的降伏を申し入れたため、ヒトラーによって追放される。逮捕直前に自殺〕は事実上彼を裏切っている。何名かの忠臣がなおも地下壕にいた。ボルマン〔マルティン。ナチ党内で総統代理のヘスに次ぐ地位。一九四二年以来、総統秘書〕、ゲッベルスとその家族、リッベントロップ〔ヨアヒム・フォン。一九三八年以来外相。ニュルンベルク裁判の結果、四六年に処刑〕、エヴァ・ブラウン、そして犬である。シュペーアは立ち去るところであった。ヒトラーは自分の自殺について静かに語る。「ブラウン嬢は私と一緒に死にたがっている。ブロンディ〔愛犬の名。金髪《ブロンド》への好みからこの名〕はまず私がピストルで射殺する。信じてくれ、シュペーア君、命を断つのは簡単なことだよ。ほんの一瞬のうちに、私はいっさいから解放され、苦悩に満ちたこの生活から解き放されるのだよ(14)」。

「ありふれた人間」ヒトラー――ブルジョワ的キッチュ

新たなディスクールによる日常生活の諸光景――たっぷりとキッチュの輝きに彩られている光景――の強調は、じじつ、《権力掌握》の間に、また第三帝国の下で少なくとも戦争の最後の二年に至るまで提示され流布されていたヒトラー・イメージの実際の構成要素と一致している。この点を強調しておかなければならない。経済大恐慌と第二次大戦終了とにはさまれた時期に世界の命運を左右していた四人のうち、小ブルジョワ的なごくありふれた人間というあのイメージ、西欧の中産階級の圧倒的多数が抱くものの見方の共通分母を事実上表現しているイメージを利用した者は、ヒトラーを除いて誰もいない。チャーチルは貴族であり続け、ローズヴェルト〔フランクリン。一九三三年三月から一九四五年四月までアメリカ大統領〕はエリートであり、他方、諸民族の父たるスターリンは、大規模な大衆的示威運動や大衆との直接的接触を避けつつ、彼個人としては日ましにつのる神秘に包まれていた。

いま一度、カラーで撮影された、ベルクホーフにおける日常生活の場面、あるいは、総統のお抱え写真家、ハインリヒ・ホフマンの監修の下に編まれた写真集を見ていただきたい。ゲッベルス夫妻あるいはシュペーア夫妻の金髪の子どもたち、彼の犬ブロンディ、エヴァ・ブラウンと一緒にいるヒトラー、これらは、ブルジョワ的穏やかさといういつも繰り返されたイメージである。最後に、誰もが砂糖菓子やアイスクリーム菓子、恋愛映画、恋愛物語やオペレッタにたいする総統の趣味を知っていた。彼が人気女優たちに愛想よいことも知られていた。ベルクホーフにお茶を飲みに来るよう彼女たちを喜んで招いたものだ（こうした招待を、ファスビンダーは『リリー・マルレーン』の中で喚起している）。大衆には、ヒトラーはもったいぶった君主のように思われていたのでも、神秘的な暴君、もともと権力の重荷に慣れているエリートの代表、兵卒あがりのしがない公僕のように思われていたのでもない。しばしば語られてきたように、ヒトラーは、当時もっとも広く行きわたっていた願望および趣味の投影なのである。ただし……。

ただし、それと同時に、しかもブルジョワ的キッチュの外見を常にまといつつ、虚無がたち現れている、ということを除けば、である。虚無とキッチュとの並置がヒトラーにかんする新たなディスクールの独特の効果を醸し出し、また、過去において彼がかきたてた異常な熱狂の基礎を表現している。

偉大な(?)ヒトラー

しかしながら、今日ヒトラーを論じているいくつかの書物からは、この絶対的破壊の側面にかんしてある種のためらいがある、という印象を受ける。こうして、ヨアヒム・フェストが一九七三年に公刊したヒトラー伝には、ヒトラーは破壊者でしかないのか?、彼は成果を残しはしなかったのか?という疑念が感じられる。「既知の歴史は彼に似た現象を他になにひとつ提示してはいない。しかし彼は偉大であったと形容すべきなのだろうか?」。フェストの著書はこのような問いから始まっている。

フェストは次のように思索をめぐらす。ヒトラーが一九三八年末に事故あるいはテロ行為によって殺されていたならば、彼はドイツのもっとも偉大な政治家のひとり、ドイツ史を完成させた人間と見なされたであろう。また、ヒトラーの演説に含まれていた攻撃的性格、『わが闘争《マイン・カンプ》』、彼の反ユダヤ主義、世界征服という目標、おそらくこれらは忘れられたであろう。したがって、生涯の初期と必然的に結びついているユートピア的計画についてのみ語られたであろう、と。しかし、その後の六年半が彼からそうした栄光を奪い去ってしまった。そしてフェストは、「彼は偉大であったと形容しうるのだろうか？」[15]という問いを繰り返し発しつつ、結論のところでその問いに答えようとする。

彼はわれわれにこう述べる。時間の経過によって死の収容所という暗い影を乗り越えることが可能となったがゆえに、今ではひとつの障害が取り除かれている。したがってわれわれは、ナチズムが実際にどのようなものであったかについて語ることができる[16]、と。ヒトラーは、ヨーロッパが自己の歴史および運命を掌握し続ける権利を必死に防衛しようとしたがゆえに第三の道に、すなわち、資本主義もマルクス主義も望まず、断固として右翼と左翼の間に、東側と西側の間に自らを位置づける中産階級の道を配慮したがゆえに、革命的近代化を行なった——とはいえこれは、少なくともしばらくの間、マルクス主義革命を打ち砕いた[17]——がゆえに、また、《非政治的》なドイツ人を政治的領域に組み入れようという願望を抱いたがゆえに、彼は偉大な営為の創始者であった、とフェストは述べる。ひと言でいうならば、ドイツ政治意識の創始者としてのヒトラーなのだ……(18)。

しかしフェストは、まさに最後の箇所で再びためらいを示し、虚無という主題にたち戻る。

「将来の世界がどのようなものとなるかを示唆するイメージを提示しえず、希望や勇気をかきたてる目標を何ひとつ示しえなかったがゆえに、彼の死後にまで生き残った思想はひとつとしてない。常に道具としてのみ用いられた諸々の考えは、彼によって使い古され、評判に傷がついたまま打ち捨てられた。この偉大な民衆煽動家《デマゴーグ》は、名文句や特筆すべき表現をひとつも残さなかった。古今を通じてもっとも偉大な建築家たらんと欲しながら、彼は後にただひとつの建造物すら残さなかったのであり、また彼がおごそかに企てた廃墟もひとつとして残存してはいない。〔……〕ヒトラーの明白な存在を超えてもなお通用する秘密は彼にはなかったのである。彼は人びとの同意と賞賛とを得たが、彼らは、けっしてあるヴィジョンに従ったのではなくて、力に従っただけなのだ。振り返って見ると、彼の生は巨大なエネルギーの異常な発揮のように思われる。それがもたらした影響は大であり、それが惹きおこした恐怖は巨大であった。しかし、これらの要素以外には記憶に残るものは少ない(19)」と。

いまひとつ別の考え方の点でも同じようなためらいが存在する。フェストは、アラン・ドゥ・ブノワとのインタビューの中でこう発言している。「ヒトラーはきわめて偉大な人物でした。彼にあっては〈悪〉の占める部分が非常に大きかったからです」[20]と。

ところが、歴史上の偉大さは〈善〉・〈悪〉の彼方において発揮される。「世界史は〔＊1〕《道徳性が宿る》場所において展開するのではないし、またブルクハルト〔ヤーコプ。イタリア・ルネサンス史、古代ギリシア史の専門家〕も《普通の道徳律に従うことについてわれわれが意識の中で偉大な人物に与えがちな奇妙な免除》について語っている。確かに、ヒトラーが計画し、実行した大量殺戮という犯罪は性質を異にするものではないのかどうか、ヘーゲルおよびブルクハルトが考えた道徳律をはみ出してはいないのかどうか、を問うてみることができる」[21]。しかしながらフェストは、この点ではブルクハルトのテーゼを踏襲しながら、偉大な人物が織りなす現象はなによりも美学的レヴェルに属する、と付け加えている。しかもまさにこのレヴェルにおいてヒトラーは偉大さにまつわる美学的基準に合致しておらず、したがってフェストは、彼を偉大であると形容することはできまい、との判断を下しているように思われる[22]。かくして結局のところ、虚無しか後に残らないのである。

虚無へと向かう力

しかし、まったく破壊的なこの力の描写は、ある箇所では曖昧な形態を帯びており、また別の箇所では恐怖よりも魅力を、嫌悪よりも魅惑を示す、ほとんど形而上学的ともいえる次元を伴っている。シュペーアは「私はためらうことなく、火をヒトラーの本領と見なすであろう」と獄中日記に記している。「火にかんして彼が好きだったのは、その《創造《プロメテウス》的〔プロメテウスはギリシア神話中の巨人。土と水から人間を創造し、天上の火を盗んだために、ゼウスの激怒をかった〕》性質ではなく、その破壊力だった。彼が世界を戦火と流血の場と化したと、あるいは大陸全体を炎に包んだ、という言い方はおそらく比喩表現であろう。しかし火は、直接かつ強烈に彼を興奮させていた。帝国総統官邸で彼が、火炎に包まれたロンドン、ワルシャワ全市を襲う火災、軍輸送船団の爆発を撮影した映画の試写を見た日々のことを覚えている。そして、試写のたびに彼がむさぼるように熱中していたことを思い出す。とはいえ、戦争末期の頃、猛火に包まれたニューヨークの破壊についてわれわれに語ってくれた時ほど、彼の熱狂ぶりが常軌を逸した形をとったことはない。彼は、轟音をたてて焼け落ちる、巨大な松明と化した摩天楼、爆発で真っ赤に燃えさかる都会の照り返しに赤く染まった曇り空……を想起させたのである」(23)。

破壊という黙示録的な主題

ジーバーベルクの映画は、黙示録的なテーマ――文明の終末であれ、世界あるいは宇宙そのものの終末であれ――を彼のヒトラー解釈に不可欠の付随物として用いている。また、ジョージ・スタイナーの小説では、破壊および虚無というテーマは、あの似而非《えせ》救世主の、すなわち、造物主自身と同じような言《ことば》〔=ロゴス〕の力の保持者として、言葉《パロール》によって全被造物を《解体》し破壊しうる似而非救世主の本性そのものに属しているように思われる。すなわち、「神は、かくあれかし、と言われたのに、前言をひるがえす。しかも、ただひとつの単語で。〔……〕あらゆる言語の秘められた豊かさを形づくる多数の単語の中のただひとつの単語、被造物の生成をもたらすにはただひとつの単語で十分であったかのように、憎しみのうちで発せられたならばその単語だけで被造物を無に帰すことのできる単語が存在する」(24)。

さて、まさにナチズム期における大衆の精神的高揚は、部分的には、ヒトラーを突き動かしたあの破壊への熱中、あの虚無にたいする熱狂に由来していた。一九四四年一〇月一八日、エルンスト・ユンガー〔一九三〇年代初めまでは戦争と「民族ボリシェヴィズム」を賛美。しかし三九年の反ナチ小説『大理石の断崖の上で』以後、国内亡命作家〕は『日記』の中で次のように記している。「総動員についてのクニエボロ〔これは筆者ユンガーがヒトラーにつけた仇名である〕が行なったラジオでの訴えは新たな殺戮——今度はわが国民全体に関わる殺戮である——の口実を与えた。彼が思いついたものはすべて実験めいていたのだが、それらが今やドイツ民衆全体に適用されている。爆破されたシナゴーグ〔ユダヤ教会堂〕のこと、ユダヤ人絶滅のこと、ロンドン爆撃のこと、ロケット爆弾その他のことが私の念頭にある。彼はまず、こうした行為が適切かつ可能であることを見せつけ、安全装置を破壊し、同意の機会を大衆にたいして与える。彼の政権掌握を祝福した、あの熱狂的な大歓呼はどれも、自分自身が無となる展望を皆が歓迎したことなのであり、純然たるニヒリズムの祝祭なのだ〔強調はフリードレンダー〕。私の恐怖は、それらの倍音——パイド・パイパー〔ハーメルンの笛吹き〕の音楽への背景音楽としての法外な喜び——が当初から聞こえていた、ということに起因している。当然のことながら、クニエボロもまたヨーロッパ的現象である。ヨーロッパの中心たるドイツは常に、このような諸悪が他の国々よりもいち早く、またより激しく生じる場所なのだ[25]」と。

破壊の遂行[＊2]は、ユンガーのこうした文章が示唆しているよりもはるかに一貫しており、かつ系統的であり、また、万人に知られていて、明らかにエクスタシーおよび歓呼の声をもたらす要素となっている。オラーニエンブルクやダハウ〔それぞれベルリンおよびミュンヘン近郊の都市。政治的に保護検束した人びとを収容する強制収容所が設けられた〕、プリンツ＝アルブレヒト通りにある秘密国家警察《ゲシュタポ》の地下〔拷問〕室やナチ突撃隊員にたいする殺戮、政治的反対派の消滅やシナゴーグの火災、ドイツ人の生活領域すべてからのユダヤ人排除やポーランド侵入やワルシャワ、ロッテルダム〔オランダ南西部の海港・工業都市〕、コヴェントリー〔イギリス中部の工業都市〕への攻撃、東方へのユダヤ人追放や身の毛もよだつ恐ろしい噂、精神病の撲滅や帝国内で広く出回った死体置場の写真、アウシュヴィッツのすぐ近くを列車で通過する際に語られていた事柄、予想されるロンドン殲滅、一九四四年七月二〇日〔シュタウフェンベルクによるヒトラー暗殺未遂事件〕の陰謀家専用〔処刑後につるすため〕の肉屋の鉤《ミート・フック》やドイツそのものを破壊せよとの命令……。しかしながら、シュペーアにとってはようやく一九四五年五月一日になって、ヒトラーの不思議な魅力が働きを止めたのだ〔本書七三ページ〕。

ヒトラーの二つの姿

したがってわれわれは、ヒトラーの二つの姿に、すなわち、過去の姿と現在の姿、事実における姿とそれらの再解釈における姿、実際の姿と美学化された姿という二つの姿に直面している。一方では身近な人物、すなわちキッチュに包まれた、ごくありふれた人、他方では虚無へと向かう、あの盲目的な力である。これらの側面はどちらも人の心を引きつける力をもっていたし、また現在も影響を及ぼし続けている。それらの共存、並置、それらの同時存在ないし交互存在が、あの怪しげな魔力の真の源泉であるように私には思われる。本エセーの締めくくりのところで、この点についての私の考えを述べ、全体的な歴史の文脈の中でこの点を解釈する必要があろう。ただしここでは、こうした融合のもついくつかの直接的側面を手短に示すにあたって、ヒトラーの双方の相貌を示しているイメージを再度取り上げておけば十分である。

シュペーアの回想録の中に、以下のような説明文のついた写真がある。「ヒトラーは彼の戦争を、しばしば数カ月間にわたって、オーバーザルツベルクから指揮した。会議ののち、われわれは毎日必ず茶亭まで散歩をした。当時、ヒトラーは概して寡黙だった。われわれはよく、おのおの思いに浸りながら、ひと言も物言わずに並んで歩いたものだ[26]」。

説明文と写真に写っている光の降り注ぎ方からして、全体の背景は冬のとある日、おそらくは夕刻であろう。山の景色は霞んでおり、厚い雪に覆われている。写真の上半分は、視線を上にやるにつれて、はっきりとは見えない雲が白から灰色へと変わる雪空を示している。一見してこの光景が憂鬱で寂寥たるものであることがわかる。さて、こうした構図の中に二つのシルエットが前景にある。しかしそれらは背後から撮られており、実際には雪と空との白っぽい下地から浮き出た二つの黒い輪郭しか目に映らない。明らかに彼らは話し合っているのではない。説明文がいうように、彼らはめいめい思いに浸りつつ、ひと言も物言わずに並んで歩いているのだ。

偉大な人物の孤独ばかりでなく、彼の勇敢な仲間の無言の忠誠をも示すキッチュ表現の全構成要素が、またそれと同時に、悲しみを示す兆候の積み重ねもそこには存在していたことが、即座に認められる。そして、ヒトラーとシュペーアとが二人とも、生き生きとした感情の存在しない風景の中を歩んでいること、彼らがこの絶対的孤独の中で虚無に向かって進んでいるように思われること、その写真はこうしたことをもしっかりと想い起こさせる。したがってここには、魅惑力を生じさせる二つの源泉が寄せ集められている。想像力を喚起するその力は、ゲルマン的なロマン主義と民族主義との観念的表現のひとつとなったデューラーの版画――死と悪魔の間で馬にまたがる騎士の版画〔銅版画「騎士と死と悪魔」〕――がもつ力と全面的に異なっているわけではないように私には思われる。われわれは、ロマン主義的な戦慄の源泉、キッチュならびにニヒリズムの源泉にたどりついている。よく《ファシズム的ペシミズム》あるいは《ナチ・ペシミズム》なるもののもつ魅力について語られてきているが、いまやわれわれは、そのもっとも深い根源からそう遠くないところにいるのである。

エロティックな魅惑力

現在なされている再解釈のかなりの部分が、ヒトラーという人物を直接に対象とすることはないが、この魅惑力を中心テーマとしている。たいていの場合、魅力が公然とエロティックな形態をとるという特殊な面を伴いつつ、彼に代わる人物が登場している。ところが私には、この新しい側面は、これまでに示されてきた諸々の構成要素の特殊なヴァリアントでしかないように思われる。

『地獄に堕ちた勇者ども』および『魔王』が影響を与えたのちに、七〇年代には『愛の嵐』〔リリアーナ・カヴァーニ監督、一九七三年作品〕および『ルシアンの青春』〔ルイ・マル監督、一九七三年作品。原題は『ラコンブ・リュシアン』〕が封切られるとともに、そしてついに西ヨーロッパのほぼ至るところでナチズムを主題に据えた大量のポルノ作品の出現とともに、ナチの魅惑力がもつこの側面がさまざまの解釈を受けてきている。ミシェル・フーコーは『カイエ・デュ・シネマ〔映画手帖〕』誌上でのインタビューの中で、「権力はエロティックな負荷《シャルジュ》を担っています」と、さらに続けて、「この点においてひとつの歴史的問題が提起されてきます。惨めで哀れむべきピューリタン的な若者たちによって、ヴィクトリア女王時代のオールドミスあるいはせいぜい抜け目のない人間といった類の人たちによって表現されるナチズムが、どのようにして今や至るところで――フランス、ドイツ、アメリカ合衆国において――世界中のポルノ文学全体の中で、エロティシズムの絶対的参照枠組となりえたのか、という問題です。安物の性愛《エロス》的想像力全体が今ではナチズムという符牒の下に位置づけられているのです……」[27]と述べている。

しかも、権力のこうした性愛化《エロティザシオン》は戦後の幻想に特有のものではない。フーコーも認めているように、ナチ権力はその当時にあって絶大な賞賛を浴びていたのである。「ナチズムが人びとに一ポンドのバターを与えたことは一度としてなく、権力以外の何かを与えたことは一度としてありません。それでもやはり、この体制はあの血腥い独裁以外の何物でもなかったのかどうか、また、権力にたいするこれらの人びとのある種の愛着がなかったならば、どうして一九四五年五月八日〔ナチス・ドイツ降伏の日〕にもなお、命を賭して戦うドイツ兵が存在しえたのか、と問わなければならないのです……」(28)。

じっさいにはミシェル・フーコーはここでは、説明というよりむしろ、確認を行なっている。しかし彼の確認は、経済的諸力と政治的計算の働きしか考慮に入れない諸々のナチズム解釈が突き当たっている本質的な難点のひとつを端的に示しているのである。

スーザン・ソンタグもまた、〔*3〕ナチズムが現今、とりわけあのポルノ作品総体の中で及ぼしているエロティックな魅力を、ファシズムおよびサド＝マゾヒズムがもつ諸特徴によって解釈する。彼女はわれわれにこう述べている。J・ジュネはファシズムを演劇として認識していた〔『葬儀』ガリマール社、一九四七年（邦訳『葬儀』生田耕作訳、河出文庫、二〇〇三年）〕。ところで、加虐《サド》＝被虐《マゾ》愛もまた同様に演出される。したがって両者はお互いに結びつく、と。サド＝マゾ的なポルノグラフィーは、ナチズムのうちに並外れて大きな一種の等価物、格好の土俵と儀式とを見いだしたのだ。「今や誰でも手に入れることのできるシナリオが存在する。その色は黒、材料は皮、魅力は美、正当化は誠実、目的はエクスタシー、意外性は死、である」[29]。『地獄に堕ちた勇者ども』における性的退廃は、ヴィスコンティにとっては何よりも象徴的なものである。「私の映画の中では、ナチズムは性的倒錯が極限に達した瞬間に樹立されます。性的倒錯は、厳密な意味でほとんどスキャンダルといってもよい形で、ナチズムの勝利を強調することに故意に充てられているのです[30]」。

ナチズムにおける倒錯

最後に、『愛の嵐』にかんする記事の中で、パスカル・ボニゼールは次のようなテーゼを提出している。すなわち、「欲望《デジール》は反ファシズム的であり、またファシズムは反欲望《アンティ・デジール》である……[31]」とするテーゼである。この主張には、ナチズムに直面した際にマルクス主義的分析がかかえるジレンマのすべてが内包されている。ボニゼールは続けてこう述べる。「ニュルンベルク裁判以後、ナチズムの残虐行為が暴露され、こと細かく数え上げられてのち、ナチズムは倒錯的役割を想像の世界で付与されてきた。この三〇年来の、無数のポルノ雑誌や書物がこのことを証明してくれている。他方では現実に、死の収容所、『夜と霧』〔アラン・レネ監督一九五五年作品。一九四一年九月、および一二月のユダヤ人絶滅命令は《夜と霧》なる名称をもっていた〕、その権限を享受する人びとにたいしてナチ機構から付与された無限の権限、これらがこの倒錯やサディズムの具体化を可能ならしめた、ということは否定すべくもない[32]」と。ただしボニゼールは、「それは、倒錯、そして伝染、伝染がもたらす共犯関係が、ナチズムの現実やそれが及ぼす歴史的影響力の説明をなす、という意味ではけっしてない[33]」と力説する。

それは自明のことだ。ナチズムの歴史的解明は、きわめて多様なレヴェルにおいてなされねばならないからである。しかし、ドイツ人とヒトラーとの関係の基礎となっていた幻想については、また熱狂的な歓呼の声や最終段階に至るまで（〔シュペーアについて言えば〕一九四五年五月一日に至るまで）の愛着については、絶対的破壊と死とをもたらす指導者および制度にたいする倒錯的関係を考慮に入れなければならない。まさしく、ヒトラーは絶対的破壊と死とをもたらす人物だったからだ。ある人びとにとってはこの点を認めることは困難なのであり、この困難さこそが、私が以下に引く、ミシェル・フーコーと『カイエ・デュ・シネマ』誌とのインタビューにたいして、聞く耳もたぬ者同士の議論という性格を与えている。

フーコー――権力が欲望の対象となりえ、また実際に欲望の対象となっているのはなぜでしょうか？　こうした性愛化が伝えられたり、強められたりしてゆく際の手順はよくわかっています。けれども、性愛化がうまくいったからには、権力への執着、そして権力行使の対象たる人びとによる権力受容がそれだけでエロティックなものだったに違いありません。

『カイエ』誌――権力の表象はめったにエロティックでないだけに、それはいっそう難しい問題です。ド・ゴールあるいはヒトラーはとりたてて魅力な人物ではありませんでした。

フーコー――その通りです。それに、マルクス主義的分析においては、われわれは少なからず自由という観念のもつ抽象性の犠牲となっているのではないでしょうか(34)。

欲望の対象としての指導者ヒトラー

ナチズムの影響力がもつ心理的次元は、『カイエ』誌によってさえ否定されてはいないが、しかし一般に認められている政治的解釈と両立しうる一定の限界内にとどめられている。すなわち、「ファシズムが欲望の解放を、少なくともその意識的解放を意味したことは、一度としてなかったのであり、それどころか、道徳的厳格さ、清潔さ、肉体訓練・軍事教練による健康、等々を求める呼びかけがあった。とはいえ、以上のどれひとつとしてごくニーチェ的だったことは一度もないのであって、ナチズムとは愛にかんするあの常軌を逸した寛大さだった、という信念を万人に共有させるのはカヴァーニ氏《マダム》の紛れもない離れ業である。しかしながら、ヒトラー、ゲッベルスが身の破滅を招くような欲望の持ち主でなかったことは、さほど考えなくても理解される……(35)」と。

実際には、ナチズムの下でこうした欲望の対象となっていたのはまさにヒトラーなのであって、必ずしも実在の人物——彼の言語が及ぼした影響力についてはこれから述べなければならないのだが——としてではなく、万人共通の感性と、現代の大衆のうちに広まっているあの虚無の魅力とを表現する指導者についての理想イメージとしてのヒトラーなのである。現在のナチズム記述において、あるいはなんらかの形でこのエロティックな魅惑力を再喚起している作品においては、欲望の対象はたいてい下っ端であり、往々にしてナチ親衛隊に所属しているか、あるいはかつて所属していた誰かであり、また、『ルシアンの青春』の中では、どこにでもいるようなフランス人ゲシュタポ助手である……。しかし、欲望の対象の地位がいかなるものであれ、体制全体が、すなわち体制とそれが体現する諸価値とが背景にくっきり浮かび上がっている。われわれにたいしてこう言う者があるだろう。『愛の嵐』および『ルシアンの青春』はまさにその逆——すなわち、過去あるいはイデオロギー、道徳あるいは体制による妨害にもかかわらず、欲望および愛が獲得した勝利——を表現しようと望んだのだ、と。監督たちの意図はおそらくそのようなものであっただろう。しかし私には、かなり多数の観客にあっては、スクリーン上に現出されるエロティックな関係は、背景のゆえに——マックス〔『愛の嵐』中の登場人物で元ナチ親衛隊将校〕あるいはルシアン〔『ルシアンの青春』の主人公でゲシュタポへの協力者〕がナチズムや対独協力を表現しているがゆえに——特殊な感情の動きを呼び起こすのであって、そうした事実にもかかわらずそうした感情の動きを呼び起こすのではない、ということは明らかであるように思われる。マックスが今や真のナチスに逆らっており、いうならば悔悛したナチであるとか、あるいはルシアンは現実の状況を一度として理解していなかった、とかいうことは、強烈な観念連合を変化させるとは思われない。そのうえ、マックスがナチズムを、あるいはルシアンが対独協力をけっして連想させえない、ということが明白であるとするならば、ではいったい、誰しもが指摘した曖昧さはどこに存在することになるのだろうか、問題はどこに存在することになるのだろうか?

エロティックな魅惑力をもたらす多様な要素

かくして、その魅惑力のもつエロティックな次元の構成要素は多種多様なのである。第一のレヴェルにおいては、犠牲者の陣営を象徴する登場女性（ルチア〔『愛の嵐』中のユダヤ人女性、収容所でマックスの倒錯した性欲の対象とされていた〕あるいはフランス〔『ルシアンの青春』中のユダヤ人女性〕）が、処刑者サイドと確認される男性にたいしてもったエロティックな関係には、イデオロギーを無視した欲望の力がみなぎっている。第二のレヴェルでは、ともかくも観客にとっては、そうした関係は具体的状況全体と、とりわけ登場男性とが連想させる暗黙の象徴的効果に支えられている。それゆえに一方の観客たちにとっては嫌悪が、また他方の観客たちにとっては認めようと認めまいと惹きつける力が生じる。しかしこの力は、映画のうちに描かれている状況にのみ依存しているのではもはやなく、映画によって語られていないか、あるいはほとんど語られていない背景がかきたてる、はっきりしない感情にも依存している。さらに、この第二のレヴェルにおいては、私がこれまで本書の中で、作品の筋立てに必然的に伴う一種の付随物として分析してきた諸々の効果やテーマが頻用されているのであり、こうして物語が生じさせるエロティックな主題にありとあらゆるニュアンスの美学的な力が付け加わっているのである。

『愛の嵐』、『ルシアンの青春』、また『地獄に堕ちた勇者ども』の観客、そして『魔王』の読者のうちに、周知のようにしばしば理解困難な不安感をかき立てるのは、これらさまざまのレヴェルの寄せ集めなのだ。その不安感をあるひとつのレヴェルにおいて見いだそうとすると、それは別のレヴェルに由来している。逆に、主題のうちに、つまり提起された諸問題のうちにそれを捜し求めると、それは美学の中に存在している。結局のところ、さまざまの作品に付与されてきている魅惑力の美学的次元は、エロティックなレヴェルの独特の美学化に、すなわち、本書の基本構造(この美学の基礎としてのキッチュ、そして、主役たちを後光のように取り巻く死、つまりそれぞれの物語の中心テーマおよび結末としての死)ならびにナチズムが及ぼす影響力の一般的源泉へとわれわれをたち戻らせる美学化に起因している。ナチズムの反映についてつい先ほど述べた事柄はナチズムそのものについてもあてはまる、と私には思われるからである。ナチ権力のエロティックな負荷、ヒトラーにたいするエロティックな関係その他への喚起がなされる時、ある人びとにとっては厳密な意味での恋愛関係が問題となることもありうる。しかし私には、これまで本書において示そうと努めてきたことなのだが、こうした影響力の基礎はより広大なものであり、それゆえ、それらの基礎はより強い説得力をもっており、かつ、後で検討する〔第四章を参照〕ように綜合的解釈のうちにいっそう組み込みやすいものとなっているように思われる。

ナチズムの諸々のシンボルを興奮手段としているポルノグラフィーという、結局のところ限定的な側面がまだ残されている。その点では、とりわけナチ親衛隊の描写を軸としてスーザン・ソンタグが提出した分析――演出としてのナチズムと演出としてのサド゠マゾヒズムとが結びついている、とする分析――が再び全面的に有効性をもつ、と思われるであろう。しかし、この特殊領域とナチズムの影響力の一般的諸側面との間の転移関係は、直接的であるとも、また自明のことであるとも思われない〔*4〕。

ヒトラーの言語活動のスタイル

前章末尾において、ナチ言語の構造と同様にナチズムにかんする言語の構造そのものもまた、ナチズムの美学的な力を形成する二系統のあい矛盾した主題をどれほど強化しているか、を示そうとしたことを思い出していただきたい。とはいえここでは、言語の果たす機能にたち戻らねばならない。言語の機能は常に、ヒトラーの影響力の決定的構成要素と見なされていたのだから。ヒトラーが話した事柄ではなく、彼が言葉を発したその仕方が問題となる。シュペーア、フェスト、そしてジーバーベルクは、ヒトラーの言語表現にきわめて重要な役割を付与しており、その点で当時の見解に似通っている。しかし、まさにジョージ・スタイナーにおいては、この側面はほとんど形而上的ともいえる重要性を帯びている。「碩学のマインツ生まれのナタナエルの書に次のように記されている。すなわち、暗闇の時代に、類まれな雄弁家が現れるであろう、と。［……］神は〈言《ことば》〉を創った時、その反対物をも創った。［……］神は、言語の夜の側に地獄の言葉《パロール》をも創ったのである。地獄の言葉を構成する単語は、生にたいする憎悪を浴びせかける。こうした言葉を習得しうる人、あるいは長い間にわたってそれを伝達しうる人は数少ない。その言葉は彼らを死に導いてしまうからである。そしかし、物を燃やし尽くす口と破壊し尽くす剣のような舌とをもつ人物が現れる。その人物は地獄の法則を弁えており、他の人びとは彼からそれを学ぶことになる。彼は狂気・嫌悪の音を知っているが、それらは彼の口から発せられると音楽となる。神は、かくあれかし、と言ったのに、前言をひるがえす(36)」と。

この点にかんする証拠はもはや数え切れないほど多い。ヒトラーは言葉を通じて大衆の感情を爆発させ、彼の取り巻きを魅了し、国内の敵を当惑させ、国外の対抗者を屈服させた。またヒトラーは、言葉を通じて彼の権力を確立し、破壊を引き起こしたのである。しかしまさにその点において逆説が生じ、突如として矛盾がたち現れるのであり、また、最後的破壊における、すなわちユダヤ人殲滅における中心的役割をヒトラーの言語活動にたいして付与するスタイナーのテーゼがもはや事実によって立証されなくなる。ここにおいて、ヒトラーのもついまひとつの側面、すなわち沈黙の側面が露呈する。われわれが絶対的分割線、完全な断絶点——ヨーロッパの全ユダヤ人を最後のひとりに至るまで絶滅せよ、との決定——に取り掛かろうとすると、われわれは基本的に沈黙に直面することになるのだ。

ヒトラーの沈黙

戦争開始の八カ月前、ヒトラーは帝国議会《ライヒスターク》において次のように演説した〔一九三九年一月三〇日〕。「もしユダヤ人が新たな戦争について責任があるようであれば、……結果はユダヤ人の除去《エリミナシオン》〔英語版では絶滅 extermination〕となろう」と。ということは、またもや、ここには言葉が存在する。しかし当時、それらは言葉でしかなかった。いかなる決定も下されていないように思われるからであり、さらに、その後二年間にわたって、帝国議会での脅しは虚ろにひびいていたからである。その後、決定がひそかに下された。民族絶滅機構《エクステルミナシオン》の始動もひそかに、また終止もひそかになされた。命令として書かれた言葉は何ひとつない。同様に、口頭命令についての直接証拠も存在しない。一九四一年一一月の、〔＊5〕ベルリンのユダヤ人移送にかんしてヒムラーが書きとめた指示がただひとつあるが、それは「抹殺《リキデ》してはならぬ」というものである。一九四三年以後、ヒトラーがあれこれの相手にたいして行なった簡潔な指摘がいくつか存在する。帝国議会においても、いくつかの不吉なほのめかしがなされたが、一九四二年一一月八日の次のようなほのめかしと同じように曖昧である。「私が「もしユダヤ人がヨーロッパ人種を除去するための国際的戦争を行ないうるなどと思い込むようなことがあれば、その結果はヨーロッパ人種の除去ではなく、ヨーロッパにおけるユダヤ人の除去となろう」と述べたあの帝国議会の会期のことを想い起こしていただきたい。不埒にも私の予言を無視する者がいた。つい昨日笑っていた者たちの多くがそれ以来死んでおり、今なお笑っている者たちもおそらく、やがて今度は笑いをやめることになるだろう」。以上ですべてだ。ほとんど何ひとつ伝えるところのない漠然とした表現である。〔＊6〕これを、レーム〔エルンスト。ナチ突撃隊の指導者。一九三四年六月三〇日「レーム一揆」なるものを理由に親衛隊によって粛清される〕とその一味にたいする粛清、対外政策面での何らかのイニシアティヴ、あるいは戦争のあれこれの段階の後になされた長ったらしい正当化と比較していただきたい。ここでは、演説中のあの短い一節は、沈黙に合わせた弱音での伴奏でしかない。

ユダヤ人絶滅にかんするヒトラーのこうした沈黙は、〔*7〕それ自体として説明に苦しむ。ヒムラーはといえば、ナチ親衛隊の将官、および帝国指導者《ライヒスライター》、大管区指導者《ガウライター》を前にして何度かごく公然と民族絶滅について語っていた。彼はその必要性を説明し、彼の部下を激励したのである。しかし、根本的決定、諸々の基本的指示はヒトラーに由来していた。彼が自分の考えを述べ、仲間にたいして神聖な任務を熱心に達成するよう駆り立てる必要性を一度も考えなかったとは、達成された成果について仲間を褒めたたえることが有益だと判断したことが一度としてないとは――もし彼がそうしていたのであれば、そのことについての言及ないしそのことの痕跡がみつかるであろう――、今もって不思議なことである。しかし、そのことについていかなる解釈がなされようと、重要なのはこの沈黙という事実そのものなのである。

絶対的破壊はもはや言葉を絶している。

第三章　悪魔祓いの諸形態

――言語の麻痺と新たなディスクール

「われわれを徐々にむしばむこの病の核心そのものを見きわめずして、重苦しい罪の呪いから解き放たれることがいつの日かあるのだろうか?」。ハンス゠ユルゲン・ジーバーベルクは彼の映画原作への「序文」の中でこのように問うたあと、さらに続けて言う。「その通り。現代の芸術たる映画、ドイツからの、まさにあのわれわれの内なるヒトラー〔マックス・ピカート著、佐野利勝訳『われわれ自身のなかのヒトラー』みすず書房、新装版、二〇一八年（原著は一九四六年）〕にかんする映画のうちにこそ、希望が蘇って来うるであろう。われわれの未来のために、われわれは内なるヒトラーを超克し、自らに打ち克たねばならない。われわれの悲劇的な過去を認識し、その過去と決別し、それを昇華し、再構成することによってのみ、われわれは新たなアイデンティティを見いだすことになろう」[1]と。

　解き放たれるための《服喪作業《トラウアーアルバイト》》[2]であり、欠くことのできない悪魔祓いなのである。ある人びとにとっては、ハンス゠ユルゲン・ジーバーベルクの作品のような映画は過去の全面的受容――これは過去の決定的排除へと行き着く――を意味する。しかし他の人びとからすれば、果てしない移し換えと極限にまで押し進められた美学化とは、現実にたいするそれと同じ数だけの防御手段なのであり、そうした企てに曖昧性を付与してしまう。現にわれわれは、悪魔祓いがもつ多数の側面のひとつに直面しているのだから。

過去の無毒化ないし隠蔽としての悪魔祓い

私は徹底的に現実に立ち向かおうとする意志としての悪魔祓いについてではなく、なによりも対決――これは同時に回避である――について、過去の無毒化《ニュートラライゼイション》につ いて、意図的であろうとなかろうと、その過去の中で耐えられなかったものの隠蔽について語ろうと思う。重要なのは今日生じていることなのだが、しかし一見したところいかに奇妙に思えようとも、後で検討するように、ナチズム自体がそれなりのやり方で、現実との対決とともに現実回避のための策略をも経験していた。〔＊1〕そして、動機の点ではいかなる明白な相違があるにせよ、いずれの場合においてもいくつかの同じようなアプローチが見いだされる。

新たなディスクールが提示している、事実関係のごまかしについてここでこと細かく述べることは差し控えよう。同じことの繰り返し〔本書二〇ページ、二七ページおよび七四ページ〕になることを覚悟の上で、今一度言っておかねばならないことがあるからだ。つまり、ナチズムにかんする新たなディスクールのおかげで、過去における魅惑力のメカニズムをよりよく理解することができ、また、時々われわれが見落としてしまう現実をよりよく見抜くことができる、と。しかし、相変らず不透明な現象がこうした間接的真理によって明らかになってくるとはいえ、まさしく過去を祓いのけようとする必要からもたらされる明白な歪曲に、別のレヴェル、すなわちいくつかの出来事の描写のレヴェルにおいて直面させられることになってしまう。『リリー・マルレーン』およびトリュフォー監督の『終電車』〔一九八〇年作品〕の中で映し出されている映像は、ナチ帝国内部ならびにフランスでのナチズムおよび対独協力にたいするほぼ全面的反対の映像である、との指摘がある。これらの映画では、真のナチスおよび対独協力者《コラボラトゥール》の数は少なく、かつ孤立しており、また、大多数の人びとは優しい心の持ち主のように見える……。(3)この種の分析はその気になれば長々と展開しうるであろうし、また、これまで言及されてきた作品の大部分――アルベルト・シュペーアの証言とフェストによる伝記、とりわけフェスト監督の映画『ヒトラー、ひとつの生涯』〔一九七七年作品。邦題は『ヒトラー』〕をも含む――の然るべき位置がそこに見いだされるであろう。(4)しかしながらそうなると、このエセーの意図するところとは違って、ありきたりの議論にたち戻ることになってしまうだろう。したがって、こうした事実のごまかしの極致、すなわちわれわれがここで扱っている範囲の外部に位置してはいるが、しかし注目を引いてきており、また過去を祓いのけるためにいっさいの自明の事実を否定しようと心に決めているマージナルな集団の立場には、ごく簡単に言及するにとどめておこう。歴史修正主義者《レヴィジョニスト》のことである。

歴史修正主義――意識的な悪魔祓い

歴史修正主義派の基本的立場についてはしばしば説明がなされてきている。例えば、「一、ヒトラーの《ガス室》は一度として存在したことはない。二、ユダヤ人にたいする《大量虐殺《ジェノサイド》》(ないしジェノサイドの試み)は一度も生じなかった(5)」というものである。では、そのことの論証はどうであろうか? 論証などなんら問題とならない。証言はいっさい忌避され、いっさいの証拠が虚偽であると見なされているからだ。このことから、民族絶滅の形跡はまったく存在しない、という前提へと至る。

フォリッソンはこう書き記している。「毒ガス室処刑といったものは一朝一夕になされるものではない。ドイツ人が何百万名もの人間のガス室処刑を決定したのならば、途方もない機械設備の整備が必要だっただろう。包括的命令が必要だったろうが、それはかつて見いだされたことがない。また、調査、研究、注文、図面が必要だったろうが、かつて見つけられたことがない。建築家、化学者、医者、あらゆる種類の技術者といった専門家の会議も必要だったろう。資金を調達し、それを配分する必要が生じていただろう。そうだとすれば、第三帝国のごとき国家にあっては数多くの痕跡を残しただろう［われわれは、アウシュヴィッツの犬小屋あるいは苗木業者に注文した月桂樹の価格がどれほどであったかをごく正確に知っている――フリードレンダー］。さまざまな命令が下されたはずだろう[6]」と。

このような論法のどの点も論理的に破綻していることは再三再四述べられてきており[7]、ここでその論議にたち戻るには及ばない。歴史修正主義者たちの主張の内部においてさえ、諸々の《差異》の存在することを付言しておけば十分だろう。こうして例えばポール・ラシニエからすれば、ガス室による大量虐殺はたしかに何度か存在したが、なんら体系的なものではなく、また言われているよりもはるかに少ないことになる[8]。イギリス人デイヴィッド・アーヴィングからすれば、《最終的解決》は行なわれたが、しかしヒトラーはそのことにはまったく無関係なのであって、すべてはヒムラーとナチ親衛隊によって秘密裡に仕組まれ、実行された[9]。最後に、ヘルムート・ディヴァルトとともに、より巧妙な立場があらわれた。その立場はあらゆることを考慮に入れており、歴史の複雑さと現代のあのもっとも暗い一章を包摂しうるような不確実さとを計算に入れているように見えるからである。収容所の中では実際に何が起きたのか？　この問いにたいしてディヴァルトは、公表されている事実を無視しつつ、「依然としてそのことは曖昧《ウンゲクレールト》なままだ(10)」と述べている。要するにそれによって心安らぐのである。

無意識的な悪魔祓い

歴史修正主義は、事実関係に不正な細工を施すことによって過去を浄化する。しかしこれとはまったく逆に、体系的な歴史研究、ごく綿密に事実の連鎖を解き明かす研究もまた、不可避的な言語麻痺のおかげで、われわれを過去から守ってくれる。これが、われわれ全員がその影響を受けており、またそのメカニズムを明らかにする必要のある、無意識的な悪魔祓いおよび回避である。数あるテクストのうちのひとつ、われわれの中の何人かにも書けそうなテクストを以下に掲げておく。

ドイツの歴史家マルティン・ブロシャートは、《最終的解決》の起源に関する研究の中で次のように書いている。「帝国から収容所送りとなったユダヤ人にたいする最初の殺戮は一九四一年一一月に行なわれた。東部占領地域帝国全権委員府《オストラントライヒスコミッサリアート》に向けて、とりわけリガ〔現在のラトヴィア共和国の首都〕、ミンスク〔ベラルーシ共和国の首都〕およびコフノ〔リトアニア南部の都市。カウナスとも〕に送られた数便のユダヤ人は、その後の便の大多数とは違って、地方ゲットーやキャンプを指定されることはなかった。これらのユダヤ人は、例えば一九四一年一一月三〇日の《血の日曜日》の時のリガにおけるように、治安警察および保安警察の特殊任務部隊《アインザッツコマンド》によってすでに着手されていた処刑の際に、周辺ユダヤ人と同時に、到着とともに銃殺された。同じ頃（一九四一年一一月）、ヴァルテラント帝国大管区《ライヒスガウ》では《ランゲ〔治安警察の首脳〕特務部隊》がヘウムノ〔クルムホーフ〕〔ポーランド、ロッツ近郊〕に到着し、この同じ特務部隊によってゾルダウ仮収容所で安楽死の一環としての処刑に用いられ、また一九四一年一二月以来、とりわけリッツマンシュタット〔ポーランド領ロッツにたいしてナチス占領軍がつけた名称〕のゲットーからのユダヤ人にたいする処刑に用いられた型の毒ガストラックのような、臨時の大量虐殺施設を設けはじめていた。前年の夏にポーゼン〔現在のポーランドのポズナニ〕で関心が寄せられた考え――労働不可能なユダヤ人を《即効的手段の力で》処刑することによってゲットー内の状況を改善することができる、とする考え――がどうやら多くの成果をもたらしたようである。ヘウムノでの建設は、一九四一年から四二年にかけての冬の間《一時的に》リッツマンシュタットに収容される、帝国からの第二、第三波のユダヤ人輸送のためのスペースをつくる、という限定的目標を主要目的としていた。労働不可能な人びとすべて（とりわけ女・子ども）がゲットーから一掃されねばならず、ヘウムノに送られて毒ガスで殺された」。この活動は、一九四二年夏の間に（約一〇万のユダヤ人処刑をもって）基本的に終了した。この活動[*2]がそのための特別《アド・ホック》の性質のものであったことは、帝国総督グライザーが一九四二年五月一日にヒムラーに宛てて送った書簡のうちに明らかである。文書による報告には普通あまり見受けられないほどの率直さをもって彼はこう書いている。「わが管区の約一〇万のユダヤ人にたいする特別処理のためにとられた活動、閣下の支持のもと、帝国保安本部長官・親衛隊上級大将〔ラインハルト・ハイドリヒ〕の同意を得た活動は、この二〜三カ月のうちに終了するであろう」と。

一九四二年夏以後、ヘウムノに到着した便は比較的少なかった。また設備も一九四三年三月には撤去され、処刑の痕跡はすべて消し去られた（ようやく一九四四年春になって、新たな処刑のために建物が再利用されることとなった）[11]。

以上のような学術的なテクストは必ずや読者——たいてい、読者自身専門家なのだ——にたいして、あらゆる学術的テクストがかき立てるいつもの疑問、事実関係の正確さおよびそれらの脈絡にかんする疑問を抱かせてしまう。専門家意識は、いわば情緒的反応を禁止し、阻止し、それをすぐさま次のような類の問題、すなわち、それは確かに《ランゲ特務部隊》だったのだろうか？　むしろXあるいはYだったのではないだろうか？、また何名のユダヤ人がリガに、またコフノに、さらにミンスクに送られたのだろうか？といった類の問題に置き換えてしまうのである。

学術的言語の陥穽――無毒化

次いで、言語のもつ正真正銘の陥穽が生じてくる。先のテクストからいくつかのフレーズを繰り返し引用しておく。

「……（A）数便のユダヤ人は［……］地方ゲットーやキャンプを指定されることがなかった。……（B）これらのユダヤ人は……到着とともに銃殺された」。

「……（A）同じ頃、《ランゲ特務部隊》がヘウムノに到着し、（B）臨時の大量虐殺施設を設けはじめていた……」。

「（A）労働不可能な人びとすべて（とりわけ女・子ども）がゲットーから一掃されねばならず、（B）ヘウムノに送られて毒ガスで殺された」。

ここでは、フレーズの前半と後半との間のまったくの不均衡から非現実性が生じている。つまり、前半は通常の行政措置を、しかもまったく通常の語り口で予想させており、他方後半は、突如として殺人を叙述しているというのに、その行政措置の当然の帰結を報告しているのである。ところで、文体は変化しておらず、また変化はありえない。自然の成り行きから、文章の後半も前半の官僚的で平然とした調子をもたざるを得ない。それゆえ、議論全体が無毒化されてしまい、落ち着きを取り戻す暇もなくわれわれはみな不意に、大量虐殺の管理者という、超然とした立場におかれてしまう。行政のプロセス、建設・輸送活動、そして記録のための言葉に関心が釘付けされるのである。それだけなのだ。

「(A) セーヌ県およびエッソンヌ県の小学校の全生徒が、フォンテーヌブロー近くの (X) キャンプへバスで運ばれ、(B) 野外の溝の中で機銃掃射を受けた」。

解釈学のゼミナールにおいては、[*3] おそらくは聖書の一節あるいはマラルメ〔ステファヌ。フランスの象徴派詩人〕の詩について検討することがあろう。しかしながら、このいつもの学術的テクストのうちには、分析を押し進めてもなお何か気がつかないことがあるだろうか、無視しえない諸々の言語形式による現実性の除去にかんして何か分からないことがあるだろうか。ここでは、各フレーズの背後において、いつもの想像力の構造、いつもながらの脈絡が出現する——しかもそれらが強い印象を与えている――からである。たとえば《ランゲ特務部隊》の活動。「《ランゲ特務部隊》がヘウムノに到着し、この同じ特務部隊によってゾルダウ仮収容所で安楽死の一環としての処刑に用いられ、また一九四一年一二月以来、とりわけリッツマンシュタットのゲットーからのユダヤ人処刑に用いられた型の毒ガストラックのような臨時の大量虐殺施設を設けはじめていた」。物語の無毒化はどのようになされたのだろうか？　ごく単純なことである。どうでもよい人間がヘウムノに派遣されたのではなく、まさに、すでにゾルダウで、次いでリッツマンシュタットで作業に従事した専門家たち、トラックの専門家たち（……「ある人物――彼にかんする一件書類を見てみよう――はすでにゾルダウで作業に従事したことがあり、……その種のトラックに十分通じた優秀な技術者である」……）がヘウムノに送られた、とだけ記されるのだ。[*4]

言語の麻痺――照応不適合

ジョージ・スタイナーは『言語と沈黙』の中で次のように書いている。「諸々の言語にはたっぷりと生命力が蓄えられている。それらはヒステリー、無教養、俗悪さを大量に吸収しうるのである［……］。しかしここにおいて破壊点がたち現れた。ベルゼン〔ハノーファー近くのベルゲン＝ベルゼン収容所〕を構想し、組織し、正当化するために、死体焼却用ガスがまの見積書を作成するために、あるいは一二年間にわたる計算尽くの野獣的行為の中で人間を非人間化するために、ある言語を用いてみよ。そうすればその言語には何ごとかが生じるであろう。ヒトラーやゲッベルス、そして一〇万名もの突撃隊下級指導者《ウンターシユトルムフユーラー》がやったように、テロルと虚偽の伝達手段として言葉を用いてみよ。そうすればそれらの言葉には何ごとかが生じるであろう。幾分かのサディズムと虚偽とが言語の髄にまで入りこむことになるのである。当初は感知されることなく、放射性の毒が骨に浸透するのと同じように。しかしすでに癌は始まっており、深部での破壊が進行している。その言語はもはや成長することはなく、またその新鮮さを回復することもない。もはやその言語は、われわれが法と呼ぶものの中での人間的秩序の伝達、そして、われわれが気品と呼ぶ、あの人間精神の核心の疎通という二つの主要機能を果たすことはあるまい[12]」と。

　しかしながら、より正確に述べる必要がありはしないだろうか？　ドイツ語であれ、英語、フランス語、ロシア語であれ、日常的に用いる言語には何ごとも生じなかったのであり、われわれは、あたかも何ごともなかったかのように蝶や花を詠いあげ続けることができる。しかし、である。問題となっているのはもはや蝶や花ではないのであって、明らかに、言語とある種の出来事との間の照応不適合《インアデカシオン》が増大しているのだ。こうした事態は、アウシュヴィッツのはるか以前に、おそらくは第一次世界戦争とともに始まり、アウシュヴィッツをもってその頂点に達した。そのうえ言語は、いっさいの主観性と情動とを自ら徐々に取り除くことを通じて、また主語から内面性《アンテリオリテ》を全面的に取り除くことを通じて、出来事に密着しようと努めた（文学や《人間諸科学》の言語も同じように）。しかし出来事は言語よりも急速に展開したのであり、アウシュヴィッツ以来、両者の間のギャップは埋めえないものとなっているように思われる。今やこのギャップによってわれわれは、過去がもたらす、おそらくは耐えがたい影響から守られているのである。

文学はナチズムにかんして有効か

しかも、言語のこうした麻痺——すさまじく有効な無意識的悪魔祓いと化している——をよりよく理解するには、考察範囲を拡大し、次のようなごく一般的な、要するにきわめて単純な問題を提起しなければならない。すなわち、決定的にわれわれをこれらの出来事と対決させることのできた作品、たとえば文学作品は存在するのか、という問題を提起しなければならない。

クラウス・マン〔トーマス・マンの長男。アメリカに亡命〕は彼の小説『メフィスト』〔原作は一九三六年。邦訳『メフィスト――出世物語』岩淵達治・岩井智子他訳、三修社、一九八三年〕最終ページの下部に次のような注記を設けている。「本書における登場人物はすべて典型《タイプ》を示しているのであって、人物描写を行なっているのではない」〔同上訳書、三二六ページ〕と。ナチズムに題材をとった文学作品も基本的に同様である。ゲーリングのお気に入りでベルリン劇場総監督であった俳優グスタフ・グリュントゲンスは、クラウス・マンの作品のモデルとなったのであるが、その小説の中では彼は、ヒトラー支配下のドイツにおいて地位を獲得しうる出世主義者のあらゆる弱点や欠陥の合成物《モンタージュ》としか見えない。説得力をもった登場人物に仕立てようとするものは何ひとつない。『最後の正しき人』〔アンドレ・シュヴァルツ゠バルト著、スイユ社、一九八〇年〕の中のエルニ、『魔王』の中のアベル・ティフォージュ〔人喰い鬼が姿を変えたフランス人〕は原型的な人物であって、実在の人間ではない。ナチズム以前のドイツ、あるいはナチズム直前の、たとえば大恐慌期のドイツでは、いつまでも心に残る真正のフィクション文学が開花した。アルフレート・デーブリーンの『ベルリン・アレクサンダー広場』〔一九二九年の作品。大恐慌下の生活を描く都市小説。一九三一年にフィル・ユッツィ監督によって映画化。一九八〇年にファスビンダーによって連続テレビ映画化。同題で邦訳。復刻新版、早崎守俊訳、河出書房新社、二〇一二年）の中では、われわれはベルリンの最下層民に胸うたれ、ハンス・ファラダの作品（『ピネベルク、明日はどうする⁉』一九三二年。赤坂桃子訳、みすず書房、二〇一七年）にあっては失業者の絶望が明白に存在し、クリストファー・イシャーウッド（『さらばベルリン』一九三九年）あるいはエーリヒ・ケストナー（一九三〇年の社会諷刺小説『ファビアン』。児童文学者として有名）の作品にあっては崩壊しつつある社会がその最後の光芒を放っている。しかし、ナチ時代への言及が始まるや否や、登場人物たちのリアリティーは消え失せてしまう。『ファウスト博士』（一九四七年。関泰祐・関楠生訳、岩波文庫、上・中・下巻、一九七四年）においてトーマス・マンはナチズムに言及することはせずに、その根源を問うた。『ブリキの太鼓』の中で、道化じみたオスカルは、彼の太鼓と甲高い叫び声とをナチズム現象の周縁部へと運んでしまう。ハインリヒ・ベル（『アダムよ、おまえはどこにいた』（一九五一年）、『世界文学全集97』所収、小松太郎・藤本淳雄訳、講談社、一九七六年）の作品中の主人公たちについていえば、彼らは結局のところ、優しい感情を伝える精彩のない使者でしかない。

その間に、資本主義のジャングルおよびスターリン主義の地獄からはいつも、おそるべき真実味を帯びた登場人物が新たに生まれている。われわれには、この世のハーツォグ〔ソール・ベロウの同名小説（一九六四年。宇野利泰訳、ハヤカワ文庫、上・下巻一九八一年）の主人公〕や、ポートノイ〔フィリップ・ロス『ポートノイの不満』（一九六九年。宮本陽吉訳、集英社文庫、一九七八年）の主人公〕、そしてバビット〔シンクレア・ルイスの同名小説（一九二二年）の主人公〕といった人物がよく理解できる。他方、国家《ゲー》政治保安《ペーウー》部〔一九二二年に設置されたソ連の秘密政治警察〕や、『煉獄のなかで』〔アレクサンドル・ソルジェニーツィンの小説（一九六八年。木村浩・松永緑彌訳、新潮文庫、上・下巻、一九七二年）〕や収容所《グーラグ》の監獄世界もまた、デニーソヴィチ〔A・ソルジェニーツィンの小説『イワン・デニーソヴィチの一日』（一九六二年。木村浩訳、新潮文庫、一九六三年）の主人公〕およびマトリョーナ〔ソルジェニーツィン『マトリョーナの家』（一九六三年。木村浩訳、新潮文庫、一九七三年）の主人公〕といった人物をわれわれのもとに送りつけた。しかるに、現代のもっとも激しい大変動の場、今なお現代の想像力が注がれている地点からは、暗闇あるいは神話しか現れてきていない。イタリア・ファシズムでさえ、『葡萄酒とパン』〔イニャツィオ・シローネの小説（一九三六年）、齋藤ゆかり訳、白水社、二〇〇〇年〕、『キリストはエボリで止まった』〔カルロ・レーヴィの小説、一九四五年作品。邦訳、竹山博英訳、岩波文庫、二〇一六年〕や『フィンツィ・コンティーニの庭園』〔ジョルジョ・バッサーニの一九六二年の小説。一九七〇年に『悲しみの青春』として映画化〔ヴィットーリオ・デ・シーカ監督〕〕といった密度の高いリアルな作品をもたらした。しかるにナチズムをめぐっては、やはり麻痺のみが存在する。時として同一作品の中で二分法《ディコトミー》に出会う。たとえば、ヘルマン・ブロッホの『誘惑者』〔一九五三年の未完作品。古井由吉訳、筑摩書房『世界文学全集56 ブロッホ』所収、一九六七年〕にあっては、母親ギションは啞然とするほどリアルであるのにたいし、ヒトラーを想起させる放浪者、マリウス・ラッティは見かけ倒しの人物でしかない。また、ジョージ・スタイナーの小説中では、登場人物としてのヒトラーは彼の最後の演説に至るまで事実上存在していない。しかもそこでは、理屈が大事なのである。こうした例は、その気になればさらに列挙することができるだろうし、また、トマス・ピンチョンの『重力の虹』〔一九七三年、越川芳明他訳、国書刊行会、一九九三年〕やアンソニー〔あるいはアントニー〕・バージェスの『この世の支配者たち』〔一九八〇年〕の中では、ナチス・ドイツに言及する場面にさしかかるや否や、いかにして想像力の豊かな働きが停止して、わざとらしい存在しかもたらさなくなるのか、を示すことができるだろう。ヒトラーにかんしてはブレヒト〔ベルトルト。ドイツの戯曲作家〕も、きわめて出来の悪い作品のひとつ〔『第三帝国の恐怖と貧困』一九三八年。千田是也編『ブレヒト戯曲選集』2、白水社、一九六一年、所収〕を書いている。

新たなディスクールによる試み

ナチズムにかんする新たなディスクールは、映画および文学の言語を解き放とうと努めることによって、想像力と幻想とを自由に働かせることによって、ある雰囲気、美学、欲望を再喚起することによって、また、恐怖がもつあらゆる側面を利用することによって、まさにこうした行き詰まりを打開しようと試みた。美学と欲望にとっては、〔*5〕おそらく正しい直観であり、恐怖に近づくにつれて大きくなる不安でもあった。あたかも、ある限界を超えると、いっさいの工夫がパロディーと化し、またいっさいの再構成が虚偽と化すかのように。ミシェル・トゥルニエがキッチュや死を利用しつつナチズムの美学を再現させる時には、われわれはそれについてゆくことができる。しかし彼がアウシュヴィッツを神話的に反転させて提示する時には、われわれは一挙に何か本質的に不条理《アブシュルド》なものを感じ取ってしまうのだ。

……平板な《類型》表現

結局のところ、ナチズムに直面した際の文学表現に伴うこうした強直性痙攣は、象徴的表現に訴えることができず、また、無限の反響——これが真正の文学をもたらす——を与えるべく具体的叙述を施された状況ないし登場人物から常により幅広い範囲へと及ぶ意味をもつ、どこか別の場所を連想させえないことによるのかもしれない。その《どこか別の場所》が現実のはかない模写ないし現実の弱々しい反映でしかないがゆえに、ナチズムの最終的到達点のことを考えるや否や、ナチズムがかきたてる恐怖や憎しみの強さがその《どこか別の場所》と相容れなくなることもありうる。ところで、象徴的な力を奪われた芸術はすべて、平板な《類型》表現となるほかない。また、作家（あるいは映画監督）にあっても、同様に読者（あるいは観客）にあっても、まったく無意識的な回避——しかし、なんと有効な回避であることか——のための策謀がそこに存在していることもありえよう。

人間の責任を解除する超越的な力

通常の悪魔祓いにはさらに別の側面が存在する。ハンス゠ユルゲン・ジーバーベルクは彼の映画の中で、『M』〔フリッツ・ラング監督、一九三一年作品。Mは殺人者を意味するドイツ語の頭文字〕の有名な独白、子供たちを絞殺した人物の独白を繰り返している。「いつも……いつも私は往来をさまよわねばならず、いつも私は誰かが背後にいると感じる。それは私自身なのだが……彼は絶えず私の後についてくる。しかしそれは確かに私だった……そう、その通り。時として私は、自分自身の後を駆けているような印象を抱く〔……〕。私は逃げたくなる。私から遠く逃げ去りたくなるのだが、それは無理なことなのだ〔……〕。私は〔……〕従わざるを得ない。私は……逃げたいのだが、亡霊たちが私を追いかけてくる。母親や子どもの亡霊たちがいつもそこにいて〔……〕、そうしない限り……逃げられないのだ。それから、ポスターが私の目に入り、またポスターが目に入ってくる……。それで私は自分が何をしたかを何度も何度も……読み直す……本当に私がそんなことをしたのだろうか?」……

ジーバーベルクの映画にあっては『M』は何を表現しているのだろうか? ドイツ

なのだろうか？　ヒムラーやナチ親衛隊員なのか？　ヒトラーなのか？　われわれ全員なのだろうか？　もし『M』が殺戮者を象徴しており、狂人にすぎないのであれば、われわれは安全だ。悪の根源は例外的であり、かつ切り離されているのだから。また、もし『M』が常態を、すなわち《われわれの内なるヒトラー》を表現しているのならば、如何ともしがたい人間性を承認することによってわれわれは守られる。最後に、もし『M』が不可解な形で、計り知れない超自然力に駆り立てられているのならば、われわれはどのようにすればそれに抵抗しうるのだろうか？　しかもこれら三様の解釈は、過去を無毒化する点で互いに結びついている。例えば、ヴィスコンティが『地獄に堕ちた勇者ども』の中で孫のエッセンベック〔マルティン・フォン〕を完全な倒錯者とする際に、彼は狂気の殺戮者としての『M』の象徴表現を選んだのであり、また、ジーバーベルクが飽くことなく《われわれの内なるヒトラー》という主題に戻る際には、『M』は冷酷なモデルとなっている。そして『魔王』の中でも、また『A・Hの移送』の中でも、人喰い鬼――『M』を愛想よくした形――とそれを取り巻くすべて、そして賢人たちの予言する似而非《えせ》救世主としてのヒトラーは、神秘的《オカルト》な力に弄ばれているにすぎず、その力が人間から全責任を取り除いてくれるのである。

距離設定による悪魔祓い

そのうえ往々にして、初めはあい対立しているように見えることがあっても、いくつかの解釈はお互いに同一のものなのであった。こうしてたとえば『ルシアンの青春』は、当時のその他の無数の青年となんら変わるところのない一青年が、人間性のありようからして、偶然の結果として対独協力者《コラボラトゥール》にも、あるいは対独抵抗派《レジスタン》にもなりえた（この映画が「ラコンブ・リュシアンは……死刑の判決を受け、処刑された」という報道で終わっているがゆえに、対独協力とレジスタンスとは死・汚辱という同じイメージを伝えている）、との全体的印象を不可避的にもたらしている。[13] それゆえ、最初の手段は運命の背後に逃げ込むことである。しかしこれは、ナチの犯罪にかんするすべての解釈のうちでもっとも承服しがたい解釈である。そしてわれわれは、その映画が第二の手段として、白痴ないし狂人であるがゆえに責任を問われない犯罪者、というテーゼに暗黙のうちにたち戻っていることに気付く。じじつ、この映画におけるゲシュタポの助手たち、つまり、女性たちおよび知的障害のあるマルティニク島（西インド諸島にある仏領植民地）出身者はいうまでもなく、おちぶれた自転車競走チャンピオンのオベールや左遷された警察官のトナン、気紛れ男のファーヴルや面白味のない伊達男のジャン・ベルナール・デ・ヴォワザンは皆、要するに落伍者であり、欠陥者なのだ。ルシアンについていえば、彼が動物にたいして残虐で、また全体として知性の乏しい人間として描かれているのは偶然なのだろうか？　悪と低劣さとはまたもや小集団に固有のものとなってしまい、観客は労することなく自分との間に一線を画すことができる。こうして人は、ほっと一安心するのである。

『魔王』においては距離設定《ディスタンシアシオン》ははるかに大きくなっている。一方では、ミシェル・トゥルニエ[14]が打ち明けているように、一連のナチ犯罪はすべて、隠れた諸力の明白な表現でしかなく、また、その書物の意図は、そうした不思議な衝動――それゆえ、犯罪は人間の理解の及ばないところに位置する――をある程度われわれに示してくれるような兆候を読み解くことにある。ところが他方で、明確に犯罪的な登場人物が示される際に、その人物の独特の特徴を強調する――彼は人間のカテゴリーよりもむしろ悪魔のカテゴリーのうちに位置付けられる――ことによって、彼は切り離された存在となる。カルテンボルンの人種問題担当親衛隊将校たるブレットヒェンは次のように示される。「先が細くなった黒い山羊ひげをたくわえ、眉は墨色で蛇のようにねじまがって描かれ、その下にある眼は大きくてヴェルヴェットのように柔らかであり、頭は暗褐色のこの白衣を着たメフィストフェレス〔ドイツのファウスト伝説中の悪魔〕は、研究所の多種多様な親衛隊員たちのこのうえなく純粋な典型であった……」(15)と。

意識的なものであろうとなかろうと、[*6]悪魔祓いのこれらの方式が今日とられている。しかし、過去を振り返ってみれば、ナチス自体にあっても、彼らの行動を無毒化するための複雑な駆け引きが、つまり、大量虐殺の過程そのものに付随した一種の悪魔祓いのあったことが分かる。

ナチス自体における悪魔祓い

一九四三年一〇月四日、ハインリヒ・ヒムラーはポーゼンに集まったナチ親衛隊の将官たちを前に演説を行なった。その帝国指導者《ライヒスフューラー》はとくに、ユダヤ人民の絶滅《アウストロットゥング》に言及し、その際に、このような活動に伴う恐るべき困難について次のように述べた。「諸君の大部分は、一〇〇、五〇〇、一〇〇〇もの屍体を眼前にすることがいかなる意味をもつか、よく承知しておられる。そのことに耐え抜き、しかも——いくつか例外的に見られた人間的な弱点を別にすれば——きちんとした態度をとり続けていることが、われわれを鍛え上げてくれた。これは、これまで一度も書かれたことがなく、またけっして書かれることのない、われわれの歴史の輝かしい一ページなのである」と。そして、以下が重要な部分である。

「われわれは彼ら〔ユダヤ人〕が持っていた財産を彼らから取り上げた〔ラインハルト作戦〕。私は、それらの財産が遅滞なく確実に帝国に移送されるべし、との厳命——ナチ親衛隊中将《グルッペンフューラー》ポール〔オスヴァルト〕がこれを実施——を下しておいた。われわれは何ひとつ奪いはしなかった。まれに過ちを犯した者は、当初から私が下しておいた命令にしたがって処罰されることになっている。その命令は、わずか一マルクたりとも奪い取る者は死刑に処せられる、としている。何名かの親衛隊員——ごく数少ないのであるが——が過ちを犯したが、彼らは容赦なく死刑を宣告されることとなろう。われわれを根絶しようと望むあの民族を根絶する道義的権利と義務とを、われわれはわが民族にたいしてもっていた。しかしたとえそれが毛皮のコート一枚、時計一個、一マルク、タバコ一本だけであっても、つまりそれが何であっても、私腹を肥やす権利はわれわれにはない。要するにわれわれは、バチルス細菌を消毒している間にそれに感染して死んでしまうことは望んでいないのだ。この場合、いかに小さかろうとも腐敗地区が形成されたり定着したりすることを私は許しはしない。どこにおいてであれそれが形成された場合には、われわれは皆で排除するだろう。しかしながら全体的にみて、われわれは、きわめて困難な任務をわが民族にたいする愛を通じて達成した、と言うことができる。しかもわれわれは、われわれ自身の内面、われわれの魂、われわれの特性に何の損傷も蒙らなかったのだ」[16]。

ヒムラーはある民族の根絶《アニユラシオン》について、つまり聴衆の中の何人かが参加しなければならない根絶行為について聴衆にたいしてごく公然と語っている。彼は遠回しの表現を用いておらず、また恐怖を隠してもいない。一〇〇、五〇〇、一〇〇〇もの屍体……と。しかし帝国指導者ヒムラーは同時に、彼が語る行為――ユダヤ民族の根絶――と、不変の諸価値、万人に認められている掟、日常生活の規範とを結びつけることによって、彼が述べたばかりの事柄を無毒化しようと試みる。こうした覆い隠しのもつ目的は明白である。すなわち、恐怖の重圧を除去するために、あまねく認められている、不可欠な行動の網の目のうちに民族絶滅行為をはめ込むことを目的としているのだ。引き合いに出される主要な徳目は、まずなによりも、義務（エリートであるがゆえにエリートに課せられる義務、等々）、つまり、徳義全体の基礎たる義務の達成である。第二に、より特殊な、民族にたいする義務（「われわれを根絶しようと望むあの民族を根絶する道義的権利［と義務と］を、われわれはわが民族にたいしてもっていた」）である。そこから、組織化された社会すべてが、とりわけ西欧ブルジョワ社会がもついくつかの厳格な掟への、すなわち盗むなかれ、また、とるに足らぬ物（《一マルク、タバコ一本》）であっても――周知のように、卵を盗む者は〔牛をも盗む〕のだから――いかなる場合においても所有権を尊重せよ、といった掟への移行。これに続いて、個人的・社会的そして人種的衛生法則の強調（「われわれは、バチルス細菌を消毒している間にそれに感染して死んでしまうことは望んでいない」）。最後に、偉大な理想へと再び上昇する。つまり、われわれには精神〔ドイツ精神〕があり、それを無垢の状態に保つことがわれわれの義務なのである（「われわれは、われわれ自身の内面……に何の損傷も蒙らなかった」）。われわれは、きわめて過酷な仕事を達成すること、またそれと同時に、われわれだけが理解しうるもの（「これまで一度も書かれたことがなく、またけっして書かれることのない、われわれの歴史の輝かしい一ページ」）を自分の胸のうちに秘めておくことを任務とするエリートの一員なのである、と。

私にたいして、[*7] ヒムラー流の悪魔祓いには矛盾あるいは飛躍が存在する、と指摘する者があろう。つまり、基本的な道徳律だけで民族絶滅の事実を十分に無毒化しうるのであるならば、ではいったいなぜ秘密にこだわる――しかも戦争期についてだけでなく、永久にこだわる――のだろうか、と。その答えは簡単であるように私には思われる。すなわち、道徳律は確かに慣習的な道徳律なのだが、圧倒的多数の人びとは、そうすることができなかったり、あるいは無分別だったりするために、これらの道徳律と民族絶滅との間に明白な関係のあることが分かりえないでいるのであり、また今後もけっして分かりえないからだ、と。プラトンのいう洞穴に閉じ込められた捕囚〔プラトン『国家』第七巻1〜6〕のように、頭を振り向けて真理の光を眺めたならば、大衆は必ずや盲目になってしまう、というのである。それゆえエリートが必要となるのであり、またそれゆえ、ナチ親衛隊の将官たちにたいしてこうした演説がなされることとなったのである。

今日の悪魔祓いとの通底性

このように解釈するならば、ヒムラーの意図は今日行なわれている悪魔祓いの策謀と無関係ではない。いずれのケースにおいても、結局のところ問題は何なのか?ということがその理由である。問題となっているのは、事実関係が与える恐怖と、その当時の、あるいは過去を振り返っての〔現在の〕眼差しとの間に障壁を設けること(ついでながら、民族絶滅の担当者たちもまた、秘密保持のためだけでなく、任務を容易にするためにも、《最終的解決》、《特別行動》、《再定住化》といったきわめて曖昧な官僚的言語を用いていたことを指摘しておこう）であり、ごく日常的な生活の枠組の中に事件をはめ込むことである。要するに、道義は維持・尊重されており、事態は必然性が規定する法にしたがって正常に経過している、と主張することなのである。

ファシズム（ナチズム）復興にとっての障害

モーリス・バルデーシュ（対独協力派として一九四五年に処刑されたロベール・ブラジアックの義兄でファシズムを擁護）は『ファシズムとは何か』の中で、一九五〇年代初頭以来、ファシズムの（そして同様にナチズムの）復興が、犯した罪という耐えがたい困難を背負っていることを強調した(17)。その時以来、ナチズム、過激な反ユダヤ主義、ファシズムの復興への言及がなされる際に、アウシュヴィッツの記憶という、西欧社会の想像力にとって消しがたいこの参照点は、避けることのできない障害をなしている。七〇年代中頃に徹底的な歴史修正主義が登場してきた時、ほぼ至るところで、同一の論理の反面が拠り所とされた。アウシュヴィッツ否定がファシズム回帰への道を切り拓いたのである。したがって、歴史修正主義と論争することは、ファシズムの再高揚と闘うことになる。私は本書では、いささか異なる議論を展開しようと努めてきたのではあるが。

ファシズム（ナチズム）の復活が見られないのは、社会的・経済的・政治的状況が一九二〇・三〇年代のヨーロッパが経験したのとはまったく異なるからである。とはいえ、想像力の世界へと至る道は不可思議なものであって、そのレヴェルにおいては、私が本エセーの最初の二章を通じてその本質を確認しようとした諸要素の永続性を根拠として、ナチズムのある種の魅力が復活しているのが認められる。しかも、まさにそこにおいて、諸々の犯罪にたいする悪魔祓いが介在している。アウシュヴィッツという、想像力にとってのあの障害物を破壊する危険をなす——したがってこれは、褐色〔ナチ突撃隊員の制服の色〕の泥の急激な拡大を伴う——のは、事実関係の改竄〔歴史修正主義的改竄〕ではない。それは、われわれが認識している変化の些細な側面をなしているにすぎない。はるかに重要な意味をもっているのは、直接的に関わった世代がいなくなるにつれて、また、記憶がおぼろげになるにつれて、この過去が次第に無毒化《ニュートラライズ》されることとなのだ。われわれは不本意ながらこの無毒化に加担しており、またこの無毒化は、大ざっぱに示そうとしたように、ある見方からすれば、民族絶滅行為が猖獗をきわめていた時にもナチ現象そのものの内部において始まっていた。障害物を破壊する必要はない。私が大まかに示した悪魔祓いと回避とが及ぼす当然の作用によって、その障害物はわれわれの眼前でゆっくりと崩壊しているからである。それでは、言語の麻痺は別として、こうした悪魔祓いの基本的特徴は何なのだろうか？許容しうる次元に過去を引き戻すことであり、既知で遵守されている人間行動の枠組つまり位置測定可能な事態の推移という枠組の中に、何ら謎めいたところのない通常の歴史の歩みの中に、ほっと一安心できる、われわれの基本的な社会規範の世界の中に、要するに、順応主義《コンフォルミスム》および一致協調《コンフォルミテ》の中に、過去をはめ込むことである。

ユダヤ人イメージの転換

まだこれから、こうした独特の拒否のもつ最後の側面を検討しなければならない。現在までのところ、それは副次的な側面をなしてきたが、しかし、過去および未来に対する幻想および態度の変化という点でそれはひょっとすると決定的な意味を有する。ユダヤ人イメージの転換という側面である。

このテーマのうちにわれわれの関心事たるさまざまな変化の重要な証拠を看て取っても、不適当な固定観念を示すことにはならない。ユダヤ人との関係は、ナチズム期に、通常の行動がもはや通用しない断絶点となったのであり、それゆえ、それ以来多くの人びとにとってユダヤ人との関係は、この過去のもつ重要な諸側面を端的に示す象徴的な問題点となっている。したがって、是非ともその点に、戦争以来われわれの社会の想像力のうちに設けられた不安定な均衡がみせる変化の端緒を捜し求めねばならない[18]。悪魔祓いのもつこの最後の側面は、ある程度まで、記号《シーニュ》の転倒であり、〈悪〉にかんする新たなディスクールの始まりなのだ[19]。

「第一点。私は何ひとつ考え出しはしなかった、ということを諸君に理解してもらわねばならないのだから。支配者たる民族〔人種〕という夢想を産み出し、劣等諸民族を奴隷状態に陥れることを思いついたのはアドルフ・ヒトラーだ、と言われているが、それは嘘だ。嘘なのだ。私が初めて理解したのは〔……〕、一時宿泊所〔浮浪者収容所〕、独身男子寮《メンナーハイム》においてのことだ。それは、ああ、はるか昔のことだ。そしてシラミ。親指の爪ほどの大きさのシラミ。一九一〇年、一一年のことだ。今、そんなことはどうでもよい。私は、まさにそこで、諸君の神秘的な力を初めて理解した。諸君の教えのもつ神秘的な力、諸君の教えの力を。選ばれた民〔である諸君の教えの力〕を」[20]。『A・Hの移送』の中ではヒトラーはユダヤ人にかんする演説をこのように始めている。そしてジーバーベルクもまた、『ヒトラー、あるいはドイツ映画』の中でヒトラーの最後の演説を次のようなものと想定している。「少なくとも一度は、私の闘争《マイン・カンプ》、綱領、われわれの究極目標がじっさいにいかなるものであったかを真面目に告白しておこう〔……〕。われわれは、人種〔民族〕的・宗教的純潔性と、ある使命を遂行するための選民という意識とをもつことによって世界を手中に収めることができる、ということを、ユダヤ民族の実践から学んだ。二〇〇〇年間にわたってただひとつの目標としてのエルサレム〔のことを考えている〕。勝利に至るまで毎日、どの祈禱の中でも。感服の至りだ！　われわれは小さな民族ではあるが、しかしある日、ひとりの男がガリラヤ〔現在のイスラエル北部の地名。イエズスはこの地方のナザレの地に生まれ、この地方を中心に活動〕の丘で立ち上がるや、今日では彼の教えが全世界を支配している。この時からもはやエジプト王の子たるモーセとも、またイエズスとも全然関係のないユダヤ民族がわれわれに与える教訓は、以上のようなものなのだから。力は数の大きさのうちにあるのではなく……、犠牲的意志の純粋さのうちにある。そしてそのことは、アーリア人種の自然的優位性による神の民の消滅《ディスパリシオン》を――筋道立てて、論理的にかつ容赦なく言っておけば、民族絶滅《エクステルミナシオン》を――意味するのだ」[21]と。

ユダヤ人にかんする新たなディスクール

したがってここにはユダヤ人にかんする新たなディスクールがある（いずれの場合にもヒトラーの口から発せられている）のだが、それらのテクストにたち返る前に、本書において提示された諸々の作品における通常のユダヤ人の原型を想起しておく必要がある。

いくつかの場合においては、対象〔ユダヤ人〕が欠如していることにショックを覚える。シュペーアが彼の回想録の中でユダヤ人問題一般、そしてとりわけ民族絶滅問題[22]――まったく当然のことながら、シュペーアがこれを知らずにいられるはずはなかった――をどのように巧みに回避したか、は再三にわたって指摘しておいた。同様に、ヨアヒム・フェストが自分のヒトラー伝を映画化した『ヒトラー、ひとつの生涯』の中では、最終的解決がほぼ消え失せていることも指摘しておいた。『リリー・マルレーン』についていえば、民族絶滅は、手から手へと渡され、美しいヴィルキーの乳房の間でほんのしばしの安らぎの場を見いだす謎めいたスナップ写真に還元されてしまっている。

『ルシアンの青春』に登場するのは自信のないユダヤ人であり、クリスティアン・ドゥ・ラ・マジエールの『鉄兜をかぶった夢想家《エクトプラズマ》』に登場するのは無気力で恩知らずのユダヤ人だ。せいぜい彼らは影の薄い存在でしかない。新たなディスクールのいくつかの主要作品中で、勝利したユダヤ人という主題が復活している点は、それだけでいっそう大きな意味をもつのである。

「勝利したユダヤ人」というテーマ

例えば『リリー・マルレーン』におけるメンデルスゾン家の人びとの栄光をとり上げよう。ヨーロッパが廃墟と化し、何百万もの人びとが死に、素朴で誠実な民衆のシンボルである小柄な女歌手ヴィルキーが夜の闇の中に投げ捨てられ、また、ナチの権力も破壊されてしまっているというのに、彼らメンデルスゾン家の人びとだけが精神的・肉体的に無傷なまま、勝者として戦争を切り抜けている。後に残っているのはメンデルスゾン家の一族および金の支配だけなのだ。ライナー・ヴェルナー・ファスビンダーはすでに『天使の影』〔ファスビンダーの舞台劇『ごみと都会と死と』の映画化。ダニエル・シュミット監督、一九七六年作品〕の中で初めて、《金持ちユダヤ人》のスケッチを企てていたのであるが、そこでは、売春婦リリー・ブレストは自分を絞殺してくれるよう《金持ちユダヤ人》にたいして頼んでいる。これはまたもや、近代的生活、権力、そして金《カネ》に打ちひしがれた民衆の描写である。『天使の影』の中では、ユダヤ人の成功ぶりは『リリー・マルレーン』におけるよりもいっそうめざましいが、また同時により曖昧である。そのユダヤ人は、権力の梃子を操る術を心得ているがゆえに、町の支配者となっている。しかし彼自身は、他の点では不安や疑念に苛まれているように見える、ありふれた企業家、詐欺師でしかない。ここには、メンデルスゾンのような人物――『リリー・マルレーン』のラストシーンでは、メンデルスゾンはその他の人びとに入り混じって登場してはおらず、一枚の絵画のように周囲を囲まれて登場しているのであって、口元に微笑を浮かべながら権力の真髄を体現する模範的かつ神秘的人物である――のもつ全面的な確信や家長然とした誇りや全能性は、何ひとつ存在していない。

「ユダヤ人のもつ秘密の力」

《金持ちユダヤ人》や家長メンデルスゾンはよく知られた人たちであるが、彼らのもつ力や彼らの財産はおそらく彼らにまつわる秘密に起因している。金持ちユダヤ人は一族郎党を支配し、不動産業やギャングたちを支配しているが、しかし突如、彼が警察や町の名士たちと結託していることが明らかとなる。彼の黒塗りの大型乗用車《リムジン》が忽然と暗闇から現れ、夜の闇の中に消えてゆく。家長メンデルスゾンはどうかといえば、彼は舞台裏ですべてを操る術を心得ている。つまり彼は、リリー〔ヴィルキーのこと〕がスイスに戻るのを阻止するのであり、また平然として自分の密使をナチス・ドイツの中枢にまで送り込んだり、あるいは自分の息子をナチス・ドイツから救出することができる。彼はあたかも、巣の中心にひそむ蜘蛛、ただし嫌悪感を催す側面が拭い去られたような蜘蛛なのだ。嘘と二枚舌とを意のままに駆使しうる彼が、超然たる態度と高貴さとのシンボルそのもののように見えるのである。

『魔王』にあっては、ユダヤ人世界の勝利には超人間的なところがある。最終場面においてまるで超自然的な力のように登場するのが、まさに、かぼそいユダヤ人の子どもたるエフライムだからだ。子どもを背負ったティフォージュは、取るに足りない重さにどういう訳か打ち倒されて、沼の中に呑み込まれる。

「……彼は止まろう、引き返そうとしたのだが、ある抗い難い力が彼の肩を押さえつけた。そして、彼の足が水を湛えた沼の中にさらに沈み込むにつれて、彼は子どもが――ごくか細くて、透き通るように白いのに――鉛の塊のように重くのしかかってくるのを感じた。彼が前に進むと、泥はたえず脚の上の方まで上がってきて、彼を苦しめる重みは一歩ごとに増していった。今や彼は、彼の腹や胸を押しつぶす、ねばねばした抵抗に打ち勝つために、超人的な努力を余儀なくされたのであるが、まさにすべてこうなるべきなのだと知りながら粘り強くその努力を続けていた。最後に彼が頭を上げてエフライムの方を向くと、彼には闇黒の空をゆっくりと廻る金色に光る六角形の星〔ダヴィデの星〕しか見えなかった」[23]。

「選民」としての通底性

しかし結局のところ、それらはありきたりの主題の反映でしかない。より異常なのは、ジョージ・スタイナーがヒトラー——もっとも、誘拐者たちからユダヤ人であると見なされているヒトラーなる人物[24]であるが——に語らせている次のような言葉である。

「約束の地〔カナン〕を征服すること、その途上に立ちはだかる人びとを打ち倒すか奴隷状態に陥れること、自ら永遠であると宣言すること……。ある考えのゆえに、言葉にまつわる問題のゆえに、ある都市を殲滅すること。これはまさしく、人間の魂を変えるための素晴らしい発明であり、まったく確実な手段である。これは諸君の発明だ。ただひとつのイスラエル、ただひとつの民族、ただひとりの指導者。モーセ、ヨシュア〔モーセの後継者〕、何千いや何万もの人間を殺し、それから契約の櫃の前で踊った、神の祝福を受けたあの王……」[25]。

ヒトラーが展開し、しかもその書物の中では誰も反駁しない議論は単純なものである。つまり、古代において特異な立場たる、選民であるという確信に支えられたユダヤ人の狂信主義《ファナティスム》が、ナチスの立場たる、いまひとつの選ばれた民族〔人種〕へと結局は行き着く流れを生み出した。したがって、ナチスは当然の反作用あるいは事態の正確な再来として、ユダヤ人を敵にまわし、ユダヤ人を滅ぼすことになる。世界にはただひとつの選民しか占める場所がないから、という議論である。しかしながら、その議論は二つの部分に分かれている。すなわち、ユダヤ狂信主義はナチスにたいして狂信主義と破壊とを教え込んだが、他方、ユダヤ教のいまひとつの側面〔十戒、イエズスおよびマルクスのもつ普遍主義という側面〕についていえば、これまたヒトラーの憎悪を招き、民族絶滅を引き起こしえただけだ、というのである。

「イスラエルに貢献したヒトラー」

次いでヒトラーは、途方もない罪を犯したことについて自己弁明を行なう。当初ユダヤ人によって支えられていたスターリンと彼の体制は、はるかに大きな規模で大量殺戮を行ないはしなかったか？と。最後にヒトラーは、この奇妙な演説を奇妙な形で締めくくりつつ、彼を裁くこととなった誘拐者たちに向かってこう語る。「諸君の国家は私のおかげなのだ。《ユダヤ人大量虐殺《ホロコースト》》がなかったなら、イスラエルは存在していないだろう」と。そして行き着く先は、不当な行ないをし、自己の周囲に苦痛を課しているあのイスラエルは、このような過去の恥辱の帰結ないし反映——おそらくは模倣なのであろうか——である、ということになるのではあるまいか？

「アラブ人がシラミだらけで生活に困窮しているからという理由で、君たちの神がさし示した道にたちはだかる障害物であるからという理由で、不当な行為を行なう勇気を諸君に与え、アラブ人を彼らの居住地や野営地から追放させたのは《ホロコースト》だった。まさにこの《ホロコースト》のおかげで、一〇キロメートルと離れていない場所で、諸君が追放した人びとが難民収容所の中で絶望と復讐の狂気とに包まれながら生き埋めにされて腐ってゆく原因を知ってもなお、耐えることができるのだ。ことによると私は救世主《メシア》、真の救世主なのであり、神の民を故郷〔正しい信仰〕にたち返らせるべく、神から許されて非道な行為を行なったサバタイ〔サバタイ・ツヴィ（一六二六〜七六）。自らメシアを名乗ったユダヤ人思想家〕の再来なのかも知れない[26]」。

過去にたいする悪魔祓いがもつ《ユダヤ的側面》には、[*8]じっさいにはいくつかのヴァリエーションが含まれている。すなわち、ユダヤ人絶滅を通常の説明や行動のレヴェルに引き戻すこと、ナチズムおよび対独協力の醜悪さを認めるだけではなく、同時に、ユダヤ人イメージを伝統的な否定的角度から描くことによってその醜悪さを弱めもすること、まさにユダヤ人が自分自身の破壊を考え出したと主張することによってイメージの転倒——もっぱら歴史修正主義者が行なっていること——を図ること、ナチスとユダヤ人とは確かに不倶戴天の敵同士ではあるが、とはいえ、数千年という非常に長い視角から捉えられる相互浸透を通じてお互いに巡りあう、とするまったく新たなイメージを作り出すこと、である。こうしたディスクールに含まれるひとつひとつの点から、過去のもつ重みを段階的に忘れさせる議論や幻想や沈黙が生じている。こうしたディスクールのどの点からも、じつに思いがけない支脈へと至る新たな方向が姿を見せるのである。

第四章　ナチズム解釈の問題点

——綜合的視点の必要性

「ヒトラーのことを考えようとしても、何ひとつ頭に浮かんでこない」。ナチズムが台頭してきた時、カール・クラウスはこう書いた〔オーストリアの作家、一九三六年死亡。一九三三年の『第三のワルプルギスの夜』（『カール・クラウス著作集』第六巻、佐藤康彦他訳、法政大学出版局、一九七六年、所収）の中で〕。クラウスはこの無力さを表明したことで大いに非難されはしたが、しかしその彼はおそらく、長い間にわたって嘲弄の力を信じ続けたブレヒトよりも正確な理解を抱いていた。《ばか笑い》という表現が思い起こされる。

　われわれは今日、この過去に直面しながら、さまざまな言葉、イメージ、幻想の話に戻ってきている。それらはひっきりなしに押しよせては砕け散る波となり、われわれの共通の歴史という海岸に沿って、至るところから見ることのできる黒い岩礁を時として覆い隠してしまう。現代の想像力にとって、ナチズムは最高の暗喩《メタファー》のひとつ、〈悪〉の暗喩となっている。その暗喩は、記憶、学術研究、そして文学、芸術による日常的な多種多様な言及を糧としてはいる。しかしながら全体として考察すると、その暗喩による表現は力量不足であるという奇妙な印象を後に残すのであり、新たなディスクールはそれなりにこの力量不足を取り繕うべく登場したのである。つまりそのディスクールは、その中で語られていること、ならびに語られていないことのゆえに不安をかき立てているのだ。そこには魅惑力の再来が感じ取られる。

この終章においては、[*1]一般的なナチズム解釈の不十分さにかんしていくつかの指摘を付け加え、またとりわけ、本エセー全体の根底にある次のような問いへの回答に努めなければならない。すなわち、新たなディスクールの中でのぶり返しが感じられ、またただ往時のナチズムが及ぼした影響力の構成分子をいくつか踏襲しているだけのこの魅惑力には、悪魔祓いのもたらす効果を考慮に入れるならば、一定の状況の下でいつか、新たな誘惑を再び生じさせかねないより深い根源があるのだろうか?という問いへの回答である。

合理的・学術的解釈

前章において私は、ナチズムのもついくつかの側面を前にした際に言語が麻痺すること、そして、文学による再喚起によってはどう見てもこの現象の内部に入り込みえないことを指摘しておいた。ここでさらに、普通の合理的・学術的解釈、とりわけ歴史学の解釈の問題について、少々述べておかねばならない。

というのも、ナチズムの心理的レヴェルという、私からすればナチズムの本質をなしているように思われるものに直面した時、歴史学的研究は如何ともしがたい変則《アノマリ》(1)にぶつかっているように見えるからである。言い換えるならば、ドイツそのものの内部において、また帝国の国境をはるかに越えて――しかも最終段階に至るまで――ヒトラーおよびヒトラーの運動が及ぼした情動的な影響力、そして多くの人びとにとって紛れもない行動変化を引き起こした怪しげな魅力は、既知の解釈図式では説明し切れず、また、政治的・社会的ないし経済的解釈の枠内で首尾一貫した形で説明しようとしても不可能であろう、ということである。第二次世界戦争終了以来ナチズムにたいして一貫して抱かれている強い関心、そしてヒトラー主義〔ヒトラー体制〕というテーマにかんする幻想の復活は、なるほど同一の問題群《プロブレマティーク》に属してはいる。ところが、こうした決定的意味をもつ未知要素が明らかに存在しているにもかかわらず、研究手順は旧態依然としており、なんら変化をみせていない。なるほど心理＝歴史学的なナチズム研究はそれ自体ひとつの領域となっている――これは先の非難にたいする反駁であるように思われる。しかしながら、そのアプローチもあまりに一般的で粗雑な概念をシェーマ的に適用しているがゆえに、失望に終わっていることを認めねばならない。せいぜいそのアプローチはわざとらしく見えるだけなのである(2)。

シュペーア――ならびにその他全員――のことを想い起こそう。あるいはさらに、アラン・バロックによる伝記中の以下の箇所を想い起こそう。「聴衆をうっとりと魅了するヒトラーの力は、アフリカの呪術師の使う秘術と対比されてきた。中には霊媒の感受性や催眠術師について語る人もいた［……］。フランスの元大使は彼のことを《悪魔に取りつかれた人間》と語っている。またヘルマン・ラウシュニングは、「ドストエフスキーならば、病的錯乱とヒステリックな似而非《えせ》創造力とによって彼のような人物を創作しえたであろう」と書き、ニュルンベルク裁判における弁護団の一員、ディックス博士は悪魔に取りつかれた人を描くゲーテの『詩と真実』から一節を引用し、それを実にぴったりとヒトラーにあてはめた。実を言えば、ヒトラーと一緒にいると、非理性の領域からけっして遠く離れたところにいるのではない、という不安を抱いてしまう」[3]。オックスフォード大学の歴史学者がこのように考えを述べるからには、如何ともしがたい明白な事実が存在したにちがいない。それ以来、ありとあらゆる種類の研究が数多くなされてきているにもかかわらず、われわれはそこからほとんど前に進んでいない。

ヒトラーの及ぼした不気味な影響力、群衆の熱狂、ユダヤ人にたいする迫害と民族絶滅、これらのおかげで総体的な解釈は実際にはまったく不可能となっている[4]。こうしてファシズム論はヒトラーの反ユダヤ主義がもつ特殊性を前に崩壊している。確かに、ナチの反ユダヤ主義についてのこうした重視は《人間のあらゆる経験のうちでももっとも恐るべき経験に立脚する［……］ユダヤ人的解釈》[5]である、と主張し、またそうした重視によってさまざまのファシズム運動に共通する性格——反マルクス主義がその共通性であるとされる——が排除される、と主張することは可能だ。しかしながら、ヒトラーの最初および最後の宣言——一九一九年〔九月一六日付〕のゲムリヒ宛の手紙および一九四五年〔四月二九日〕の政治的遺書の最後の箇所〔……世界中のあらゆる国民に毒を飲ませようとする国際ユダヤ主義にたいして容赦なき抵抗を行なうこと〕——の対象がユダヤ人であってマルクス主義者ではなかったことは、ユダヤ人でなければ確認しえないのだろうか？　ユダヤ人でなければ、ヒトラーが彼の生涯の初期に書いた文章をすべて収録した最近の書物[6]の中で、明らかに反ユダヤ主義が中心を占めていることが理解しえないのだろうか？　あるいはまた、主人の声をごく忠実に模倣したマルティン・ボルマン〔総統秘書〕が一九四四年にヒトラーの面前で行なった次のような指摘、すなわち「国民社会主義《ナチズム》の教説は完全に反ユダヤ的であり、このことは反共産主義的かつ反キリスト教的であることを意味している。国民社会主義の中ではすべてが関連しあっており、またすべてがユダヤ主義にたいする闘いを目ざしている」[7]という指摘の意味を認めえないのだろうか？　例えばイタリア・ファシズムのうちには何かこれと類似した点は存在するのだろうか？

全体主義論による解釈

《全体主義論的》解釈も同じような難点にぶつかる。全体主義論によれば、体制エリートは体制そのもののイデオロギーを信じていない。それゆえ、ヒエラルキーを上昇すればするほど、《敵》の現実性は信用されなくなるのであって、《敵》は支配体制の中での機能要素となっている、とされる。ホルクハイマーおよびアドルノはこう書いている。「完全に合理化されたある生産中心地から別の中心地への労働者班の移動が可能である［……］のと同じくらい容易に、ファシスト指導者たち［この文章の中では《ファシズム》は《全体主義》と等価である］が綱領中の反ユダヤ主義的な諸点を取り換えようと思えば取り換えた時に、ユダヤ人は殺されたのである(8)」と。こうした叙述は国民社会主義の実態と何の関係もない叙述である。ナチ体制の下では、ヒエラルキーを上昇すればするほど、イデオロギーへの信頼は強力だった。ともかくも最高指導者についてはその通りであった。一般に認められている全体主義論的解釈によれば、気力を鼓舞し、場合によっては生じうるいっさいの反対を無力化するために、諸々の敵は攻撃を受け、迫害を蒙る。それゆえ敵にたいする迫害は、いかなる形のものであれ、必ず民衆に知らされる。例えばスターリン体制は、シベリアの収容所への流刑囚が置かれた境遇にかんして秘密を設けなかったし、また同様に、ボリシェヴィキ体制の初期からすでに、反対派の抹殺は包み隠されることもなかった。ナチスにかんしていえば、彼らもナチ突撃隊指導者や他の政治的《反対派》の処刑について沈黙を守ることはしなかった。しかし周知のように、ことユダヤ人にかんしては、態度は同じではなかった。例えば、最終局面——大量殺戮局面——においては、事実を掩蔽すべく可能なかぎりのことが試みられた。ナチスの考えからすれば、ユダヤ人絶滅は絶対的必要性につながっており、神聖な使命を表現していた。それは見せしめのための行為でもなければ、他の目的を達成するための手段でもなかったのである。

マルクス主義的解釈

マルクス主義的な歴史家たちは、ユダヤ人絶滅のもついわゆる経済的役割のうちに説明を求める。ナチ帝国が総力戦のきわめて絶望的な局面に突入していたというのに、ヨーロッパのユダヤ人にたいする迫害・大量殺戮によって莫大な労働力が抹殺された、ということを彼らは忘れている。戦争の絶頂段階には、送られてきた各便の四分の一足らずが到着即処刑という事態を免れてはいた。しかし明らかに、彼らは一時的に免除されただけであって、衰弱死を運命づけられていたにすぎない。統計によれば、ドイツの戦時経済にとってユダヤ人問題の最終的解決は、犠牲者たちから回収した財産ではごく一部分の穴埋めにしかならないほどの損失をなした。しかしこの点にかんしても、ナチの資料がおのずから語ってくれている。一九四一年に帝国全権委員《ライヒスコミサール》のローゼ〔ヒンリヒ。大管区指導者にして《ウクライナ》帝国全権委員〕がローゼンベルク〔アルフレート。ナチズムの理論的指導者、反ユダヤ主義の主唱者。東部占領地域担当大臣。ニュルンベルク裁判の結果、一九四六年に処刑〕に「経済的利害、例えば軍需産業における単能工にたいする国防軍の需要を考慮に入れることなく」東方の全ユダヤ人を根絶すべきかどうかを尋ねたところ、大臣は彼にこう答えた。「原則として、この問題の解決にあたっては経済レヴェルの配慮はいっさいなされない(9)」と。

しかし、資本主義の危機という状況の中でユダヤ人が表現していた《民族《プープル》=階級》にたいしていくつかの社会階層が抱いた敵意を人種主義的反ユダヤ主義の根拠とし、またさらにそれをおし拡げて最終的解決の根拠とする、より広いマルクス主義的解釈の試みと《狭隘な》経済的解釈とを混同してはならない。『ユダヤ人問題の唯物論的理解』の中でアブラム・レオンは次のように述べている。「歴史的に見るならば、人種主義《ラシスム》の勝利は、もはや痕跡状態においてしか存在しない資本主義以前の形態の方向へと大衆の反資本主義的意識を誘導しえた、ということを意味している。しかしこの痕跡〔前《プレ》資本主義の時期および近代資本主義の飛躍的発展の間にユダヤ人が果たした商業・金融上の諸機能〕は今もなお相当のものであって、神話にたいして現実のごとき外観を与えうるほどである[10]」と。アブラム・レオンはこうした解釈がもつ逆説的側面に漠然とながら気付いており、次のように対応を試みている。「皮肉なことに〈歴史〉は、ユダヤ人共同体が経済・社会的に同化しつつあったまさにその時に、〈歴史〉上もっとも過激な反ユダヤ主義が勝利することを望んだ。しかし、〈歴史〉上のすべてのアイロニーと同じように、こうした外見上の逆説はきわめて理解しやすい。ユダヤ人が資本を表象していた時には、ユダヤ人は社会にとって不可欠であった。ユダヤ人を絶滅させることなど問題となりえなかったのである。いま破滅の淵にある資本主義社会は、ユダヤ人とユダヤ人にたいする憎悪とを蘇らせることによって切り抜けようと努めている[11]」と。しかし、社会＝経済的敵対関係にもとづく人種主義的憎悪が、他の場合には略奪や追放、奴隷状態や散発的な殺戮（例えば植民地における殺戮）へと至ったのに、この場合には何ゆえに完全絶滅を望む残忍な意志へと行き着いたのか、をこうした解釈は述べていない。ましてや、ナチ神話の中では何ゆえに《資本主義的ユダヤ人》という主題が《革命的ユダヤ人》という主題と比較して副次的であったのか、をその解釈は説明していないのである〔ディートリヒ・エッカルト〔一九二〇年代前半のヒトラーに大きな影響を与えた文筆家。ドイツ労働者党のメンバー〕との共著になるヒトラーの最初の書物は『モーセからレーニンまでのボリシェヴィズム』〔一九二五年刊〕ではなかったか?〕。

諸々の解釈の無力さの背後に、基本的な前提の無力さがくっきりと浮かびあがっている。例えば、マルクス主義的な歴史記述についてもう少し述べるならば、ナチズムは今なお常にこの歴史記述にとっての躓きの石をなしている。つまり、運動の形成を社会的用語で説明し、ナチスの権力獲得を経済的諸利害の用語で説明し、一九三六年頃までのナチの政策をこれらと同じ要因にもとづいて解釈することは可能ではあるが、しかしそれ以後は、もはや何ひとつとしてこうした分析シェーマに合致しないように思われるのだ。しかも、もしそのシェーマを維持しようとすれば、アドルフ・ヒトラーの果たした中心的役割、彼の人種政策の基礎および段階、西方での戦争、とりわけ対米戦争、最後に彼のユダヤ人絶滅政策、これらのものを削除しなければならない。要するに後に残るのは、ナチズムなきナチズムであり、かのヒトラーとかのローズヴェルトとを区別すること、またナチスの人種政策と階級闘争のごく平凡な表われとを区別することが困難な事件イメージである。これは、予め設定された概念枠組に名を借りた、極端なまでの正常化なのである。

歴史修正主義

歴史修正主義を唱える極右も同じ目標を目ざしている。マルクス主義者たちにあっては、一般的解釈と比べてみれば、《最終的解決》は依然として副次的で、ほとんど存在しないと言ってよい。これにたいして歴史修正主義者たちにあっては、この最終的解釈そのものが事実関係として疑わしいか、あるいはより単純に、一度として存在しなかった、とされる。合理的分析にはいっさいが理解可能なはずだとされる状況の中で、異様なものを前にした自由主義的歴史家たちが覚える不安をこのことに付け加えてみよう。すると先に述べた抽象的かつ《浄化された》把握全体へと——あるいは《ヒトラー、ひとつの生涯……》〔ヨアヒム・フェストが一九七七年に製作したドキュメンタリー映画のタイトル〕というパロディーへと——行き着いてしまう。

自由主義的な見解

自由主義的な見解はしばしば、《全体主義論的な》ナチズム理解と同一視されており、自由主義体制を、ナチズムおよびスターリン主義が同じ支配メカニズムの枠内でつながっている漠然とした全体主義的怪物と対置することを可能にしている。この曖昧な理論もまたもや、ナチズムの本質を覆い隠している。しかしながら、全体主義というパラダイムの彼方に、いまひとつ別のモデルが、つまりヨアヒム・フェストによる伝記のうちに首尾一貫して描かれているモデルが姿を見せている。このモデルは以下のように要約することができよう。すなわち、ヒトラーは変則《アノマリ》ではなかったのであり、総体としてのナチズムもまた変則ではなかったのであって、この体制のいくつかの側面がいかに残虐なものであったにせよ、結局そこには当時の諸傾向の表現、つまりユダヤ人にたいして西欧がとった態度の極限的な表現が見いだされるにすぎない、とするものである、と。ジーバーベルクの映画の中でヒトラーがドイツ人、ヨーロッパ人、すべての人びとにたいして語っているように、「私は諸君のごく秘めやかな願望の表現なのだ」。したがってヒトラーと彼の時代との間には対応関係が存在するのであり、ナチズムは当時の諸傾向を反映しているのではなく、それを先取りしている、とされる。これは基本的な真理ではあるが、トートロジーをなす。常態《ノルム》のもつ力が再確認されているのであり、過去は同化吸収《アシミレ》され、超克されてしまっているのである。

「超自然的な力」の支配

最後に次のような点が残る――しかもその点においてわれわれは、ナチズムにかんする新たなディスクールにたち戻ることとなる。すなわち、ポーウェルスや、ベルジエの場合と同じようにミシェル・トゥルニエにあっても、ナチズム理解は、神秘観や、われわれには解明のための鍵が与えられていない超自然的な力の解読を媒介としているのであり、また、ジョージ・スタイナーにあっても、少なくともヒトラー現象そのものについては同様であって、似而非救世主たるヒトラーは被造物を全滅させることのできる救世主だ、というのである。ハンス゠ユルゲン・ジーバーベルクの宇宙的眼差しも同様の印象を後に残す。事情がそうであるならば、政治の次元においてはいっさいの合理的活動が滑稽なものに思われてくる。ある憲法のあれこれの条文が付与してくれる全権力を用いることによって〈反キリスト〉ないし似而非救世主との闘いがなされたわけではない。ヨアヒム・フェストの歴史的宿命論も結局同じ事柄に帰着する。つまり、ナチズムが当時の諸問題にたいする必然的解答であるとするならば、もはや個人は、〈時代精神〉の高揚を、つまり、抗いがたい衝動の中で個人的意志と合理的認識とをなす術もないままに押し流すヘーゲル的ないしシュペングラー〔オスヴァルト。『西洋の没落』の著者〕的な世界精神《ヴェルトガイスト》の盲目的運動を、黙ったまま甘受するほかなくなるのである。

しかしそのことは実際には、事態の外見上の流れを規定する、隠れた事物の道理の存在を暗黙ないし明示的に信じていることを前提とする。したがってそれは、政治的なるもののレヴェルの完全な過小評価であり、また、マルクス主義者たちの抱く経済的不可避論から、より神秘的な、しかしやはり実質的な不可避論への置き換えなのだ。

この点においてもわれわれは、道徳的ジレンマに直面する。もし理性が無力であるならば、またもし事件が神秘的で不可解な法則に支配されているならば、罪はわれわれの伝統的な基準にもとづいたのでは裁きえないであろう、というジレンマである。それゆえ、ジョージ・スタイナーの小説では、ヒトラー帰還の可能性に直面させられてドイツ連邦共和国が抱いた法律的懸念の珍妙《グロテスク》さが生じたのであり、またそれゆえに同じ小説の中での最終裁判の曖昧さが生じたのである。最後にまた、それゆえヨアヒム・フェストは、道徳的責任と歴史的偉大さとを区別したのである。

新たなディスクールによる試み

しかもこうして、新たなディスクールには、あるいは少なくともそうした著作のうちでもっとも特筆すべきいくつかのもののうちには、提出されてきた諸々の解釈の背後に空虚な場のようなもの——事件についての合理的解釈の余地も、自由で有効な政治的行動の余地も、そして道徳的な、また言葉の通常の意味での法的な責任の余地もありえないような空虚な場——の存在することが認められる。さらにわれわれが、過度の単純化を理由にマルクス主義的なナチズム解釈を拒否し、また公然たる虚偽性を理由に歴史修正主義的解釈を拒否するとすれば、外見上はより古典的なさまざまの立場を容易に包摂してしまいそうな新たなディスクールの一環としてのヒトラー主義に直面した際には、われわれの諸々のイデオロギーの破綻とさまざまな伝統的アプローチの無力さとが明らかとなる。

したがって後に残るのは、新たなディスクールの特徴をなす、あの再構成・再喚起の試みである。新たなディスクールの擁護者たちがそうした試みのうちに真理の復元や欠くことのできない探究や有益な警告を看て取るのにたいして、それへの批判者たちはそこに仮面をかぶったノスタルジーを看て取る。リリアーナ・カヴァーニは彼女の映画『愛の嵐』にかんして次のように記している。「ファシズムは過去だけのものではない。ファシズムは今なおあちこちに存在する。夢が行なうのと同じように、私の映画は禁圧された《歴史〔＝物語〕》を表面に引き戻す。この過去は今日なおわれわれのごく奥深くに潜んでいる……。私の関心を引いたのは、現在の基層をなす底土の探求、人間の潜在意識の探究であった。われわれ全員が目覚めたままでいられるように、私を不安がらせるものを、私以外の人びとをも不安がらせるべく提示することであった。それは、なぜ今なおわれわれのうちにファシストたち――年配の人びと、漫画とでもいいうる懐古趣味的《ノスタルジック》な人びとではなく、新参者たち、私の世代に属する若い反民主主義者たち〔ネオ・ナチ、ネオ・ファシスト〕――が存在するのか、を理解するうえでの刺激と端緒とを与えることであった[12]」と。

そしてこれと対をなす形でマリー・シェは次のように述べている。「広がりをみせているこのノスタルジーは吐き気を催すものとなっている〔……〕。ルシアン・ラコンブが《いとしいユダヤ人女性》の美しい肢体に視線を投げかけながら、快い森の空地で草の芽生えを嚙んでいる場面で、あるいは、ナチ将校（一二年後には魅力ある夜衛〔『夜衛』は映画『愛の嵐』の原題〕となる）がくちびるを震わせつつ、彼の犠牲となった男の傷口に屈み込み、その血に口づけする場面では、お許しいただきたいが、私は吐き気を催した〔……〕。ナチズムとドイツ軍による占領とに魅せられた人びとはあまりにも忘れっぽいのである……。占領期のファッションをまとい、ナチスに夢中になり、「元帥〔ペタン元帥〕閣下、われらはここに」の歌で寝かしつけられた人たちよ、あなた方はそう思いたくはないだろうが、明日にもすべてが繰り返されかねないのだ。そのいっさいの準備が整えられているのであり、キッチュきわまる金ピカの服を身にまといつつ、歴史上もっとも恐るべき残虐行為のひとつを免罪しようとしている。この毒を含んだ開花現象を怖れるだけの然るべき理由が存在しているのだ……(13)」と。

ナチズムが及ぼす影響力の基礎

私はこれまでの叙述を通じて、ナチズムにかんする新たなディスクールは往々にして、故意にであろうとなかろうと、過去の新たな魅惑力を糧としていること、またそれだけでなく、その新たなディスクールはある程度まで、われわれがこうした魅力の生じるメカニズムを理解するための手助けとなっていることをも示してきたように思う。しかしまだ非常に重要な問題、すなわち、その影響力の全般的基礎、その基礎が永続する理由、その基礎が近い将来にたいしてもちかねない意味、という問題が残されている。

まず、諸々の映像ならびにテクストの分析を通じて明らかとなったあい矛盾する要素、すなわち一方での権力〔英訳版では、秩序、体制 order of things〕の重視と、他方での死および破壊の重視を取り上げよう。

権力〔秩序〕の確認にかんしては、キッチュなものの見方は、従順かつ平静であり、調和を追い求め、常に感傷性を大いに好む大衆の美学的基準を力づける。ごくありふれた人間としてのヒトラーの側面は、心落ち着かせるこうした見地に完全に適合している。こうして総統は、藁ぶきの家や喜怒哀楽の情に近い存在となる。最後に[*2]、こうした側面において悪魔祓いは、日常的道徳の遵守を力説し、首尾一貫した説明を行ない、恐怖にたいして壁を設けることによって、生じうるいかなる裂け目をも埋めてしまうのである。

しかし、キッチュの美学には深遠な神話の世界が対置され、調和イメージには黙示録的な閃光が、花冠を頭にかぶった若い娘やバイエルン・アルプス山脈の冠雪した尾根には、将軍廟の死者たちへの呼びかけ、神々の黄昏のエクスタシーやこの世の終わりのイメージが対置されている。ブロンドの子どもたちを可愛がり、冒険映画やクリーム菓子の大好きな、ごくありふれた人間ヒトラーには、虚無へとかりたてられるあの盲目の力、肉屋の鉤、火炎の中で瓦解する都市のイメージが、道徳的諸価値のもつ平穏な力には民族絶滅のための銃火の断続的閃光が対置されている。

これらのあい対立する系列のどちらか一方が、それ自体で決定的意味を有するのではない。それらの共存関係こそが全体にたいしてその意味を付与しているのだ。

マルセル・エメは『天王星』〔パリ、ガリマール社、一九四八年〕の中で、親独義勇軍兵士〔第二次大戦中のヴィシー派兵士〕たちの処刑と、その犠牲者たちに同情する夫婦がそれを窓ごしに眺めている様子を描いている。「用心深くて、偏狭で、偽善的なこれら二人の小ブルジョワが、ルネサンス風の食堂から被処刑者たちを横目で見、そして犬さながらにカーテンのひだの中で抱き合い、上下に体を動かしている光景……」と。(14)『エロティシズム』の中でこの一節を引用したジョルジュ・バタイユは、エロティックな快楽と暴力および死との間の一致の典型を看て取ったのであるが、しかしこの場合には枠組もまた決定的役割を演じている。それは、彼らを庇い、彼らが正常であることを保証し、したがって彼らが暴力と死とを目の当たりにしながらもオルガスムスへと達することを可能ならしめる枠組なのだ。

「[ヒトラーの権力掌握を]祝福して迎えたこうした熱狂的歓喜は、各人が自分自身のために歓呼して迎えた虚無の展望、まったくのニヒリズムの祝祭なのだった……」。

その通りなのだが、しかしよく磨き上げられたはめ木の床、カヴァーのかかった肘かけ椅子、アップライト・ピアノ、そしてよく見えるように二台の燭台の間にある譜面台の上に置かれたモーツァルトの曲の楽譜、これらを不可欠の支えとしているのである。

二系列の主題、イメージ……の収斂

次のような反論がなされるだろう。そうしたことはすべて、かのライヒとかフロムとかアドルノとかが言う、伝統的なサド゠マゾ主義や《権威主義的人間》というカテゴリーや歴史゠臨床医学的仮説に属するのではないだろうか?と。

だが実際には、まったくそうではない。ここで大切なのはまたもや、文化および社会を貫通している二系列の主題、イメージ、情動、幻想の収斂なのである。こうした収斂のうちに、いくつかの個人的性向の全面開花に好都合な土俵を認めうるとしても、そこには因果論的関係も限定的な心理学的決定論も存在しない。

ジークフリート・クラカウアーは、ローベルト・ヴィーネ監督作品に常に見られる、暴政と混沌《カオス》との間での揺れ動き、クラカウアー言うところの《集団的ドイツ精神》[15]を『カリガリ博士』〔一九一九年作品〕についての解釈の中で明るみに出してくれた。どちらか一方が他方に勝利することのないまま、暴政にたいする恐怖はカオスへと向かい、カオスにたいする恐怖は暴政へと回帰する。それゆえ、権力にたいするあの過度の賞賛と、それと同時に、カオス、破壊、死にたいするあの熱望が生まれるのだ。

党の大規模な式典に言及する中で、ヨアヒム・フェストは次のように書いている。「〔……〕式次第を通じて得られるこうした催眠状態を習慣的に利用する傾向もまた同様に、様式化への努力や意志を、また、動揺し、しかも常にカオスによって脅かされているあの存在形態〔アドルフ・ヒトラーの存在形態――フリードレンダー〕に秩序の勝利を対置しようとする試みを表現している。いわばそれらは、不安に満ちた意識を祓いのけるテクニックなのであり、未開民族の儀礼との比較は、一見した際に思われるほど不自然なことではない[16]」と。ところがそこでも再び、ある傾向を他の傾向へと移動させることによって、われわれからすれば明白な形で、イメージの歪曲がなされている。ナチズムをこうした新たな綜合体となし、またナチズムにあの神秘的な催眠力を与えたのは、二つの衝動の絶えざる相互作用に外ならないのである。

日常的な殺人行為のレヴェルでは、言語の不毛化と秩序および法の永続性への喚起とが弁護・防御の役割を果たしている、ということには何の疑いもない。しかしそれと同時に、黙示録的な夢想が全体的雰囲気を醸し出し、隷属および民族絶滅という幻想を伝達する。全体的ヴィジョンと明確な弁護――これらに複雑きわまる個人的固定観念が接ぎ木される――とのこうしたバランスこそが、大胆な行動をとらせると同時に防御となる。とりわけユダヤ人絶滅においては、ナチスの想像力のうちに潜むこれら二つの根本的かつあい矛盾した主題が表現に移され、また充足されているのである。なぜなら、汚点、バクテリア、伝染病を除去すること、それは、完全な浄化を通じて自然の秩序にたち戻ることではないだろうか？　しかも、〈悪〉の化身そのもの、きわめて恐るべき隷属の脅威を人類に及ぼす暗黒の原理への戦いを開始すること、これは、最終的救済か、さもなければ究極的破壊がもたらされるもっとも重大な事業に身を投じることではないだろうか？　『わが闘争』を想い起こしていただきたい。それによれば、もしユダヤ人が勝利するならば、ユダヤ人の王冠は人類の葬儀の花輪となるであろうし、また、再び人間のいなくなった地球が宇宙を運行することになる……〔『わが闘争』上、平野一郎・将積茂訳、角川文庫、一九七三年、一〇六ページ〕。勝利も、あるいは取り返しのつかない破局も、まったく同じように可能なのである。

全世界を焼き尽くせ、という呼びかけは、過去においてもまた今日においても、宗教的なものであれ世俗的なものであれ至福千年説を唱える宗派《セクト》によってしばしば発せられはしたが、(17)それが現存する権力〔体制〕への服従とあい携えたことは一度としてない。往々にして民衆は地球上の各地において、抑圧的で野蛮で恐怖政治《テロリスム》を行なう権力を崇拝し、また時にはスターリン治下におけるような大殺戮を行なう権力をも崇拝しはした。しかし、抑圧を崇拝すると同時に黙示録的な見方を広めたことは一度もない。《明るい未来》はこの世の終わりの暗喩ではなかったのである。今日に至るまで、組織化された社会の中、安定した権力構造の枠組の中にあっては、黙示録の魅力は存在しなかったのであり、黙示録を前にした際の恐怖が存在した。まさにこの点に、ナチズムとの相違が認められるのである。

ナチズムの二元性——あい反するものの融合

ナチ権力は、われわれが分析を試みてきた二元性の点で、他のいかなる現代西欧社会においてもバラバラの状態に保たれている諸々の思想潮流、情動そして幻想の出会いがみせた、今日に至るまでただひとつの〔＝特異《サンギュリエ》な〕表現であった。

誤解のないよう願いたいが、ナチズムの特異性は、ナチズムの一般的諸側面とまったく同様に、数多くの社会的・経済的・政治的要因のもたらした結果である。それは、しばしば分析を施されてきた諸々のイデオロギー的傾向の帰結であり、きわめてアルカイックな神話と最新のテロル手段との出会いによって形成された。今日ではこのことはすべて既知の事柄であり、大部分自明の事実に属している。同様に、ナチズムに類似したさまざまな運動の再出現は、その正確な形態がいかなるものであれ、多様にしてかつ同一の結果へと収束する社会的・政治的状況――これらは見通しとしてはほとんど知覚されてはいないが、それらの出現はけっして考えられないことではなく、その時には本書において分析したさまざまな流れの想像力に現実的影響力を付与するであろう――に何よりも左右されている、ということもまた自明の事柄に属している。まさに未解決のまま残されているのは、実体の捉えがたい諸要素の問題、私が解明を試みてきた、あのあい反するものの融合なのだ。

ところでこの融合は、私なら《怒れるブルジョワ》現象と呼ぶようなもの、文明の受容とだけでなく、その根本的拒否とも結びついた文明の内部での一種の不安の表現でしかない。現代社会およびブルジョワ体制は、完成されたものとして、また我慢ならない制約として理解されている。そこから、服従への欲求と全面的破壊の妄想との間での不断の往復運動、調和への愛と黙示録的幻想との間の、聖金曜日の歓喜と神々の黄昏との間の不断の往復運動が生ずるのだ。服従は激怒を育み、激怒は服従の中では自己を無理に正当化する。ナチズムは、絶えず二元的なものとして表現される中で、これらのあい反する欲求にたいして捌け口を提供した。実際にはナチズムは、これらのあい反した欲求の表現だったのであるが。今日でもなお、こうした欲求は存在しており、また、想像力のうちへのそれらの反映も同様に存在しているのである。

しかしこうした二元性は、全能性への夢と消滅の危機の甘受とによってもたらされるいっそう根本的な矛盾に接ぎ木されている。これは確かにロマン主義の伝統ではあるが、しかし何よりも、近代性に直面した際の人間の根本的葛藤をおそらくは自由主義的あるいはマルクス主義的なものの見方よりもうまく表現する悪魔崇拝的（この言葉の本来の宗教的な意味での）な見方なのだ。自由主義的な信条およびマルクス主義的な信条は、認識と力の蓄積的獲得による救済の保証を前提としている。それゆえ自由主義もマルクス主義も、知《サヴオワール》と権力《プーブオワール》（その木の実を取って食べてはならない……）にたいする背反に直面した際に人間が示すアルカイックな恐怖には見合ってはおらず、またそのことによって、この上ない誘惑であり続けているものを覆い隠してしまう。

まさに定義上からしてこの上ない背反、この上ない挑戦、結局は死に終わる超人的な戦闘である全能性への願望を覆い隠してしまうのである。神でありたい、神となろうとする、この形而上学的にしてかつ同時に遊戯的な誘惑は一か八かの賭けなのだ。すべてを手に入れることもあれば、すべて――生命をも含む――を失うこともありうるのだから。

近代性の発展と大いに関係がある以上、こうしたものの見方は依然としてわれわれの想像力を貫通しているのではないだろうか？　またそれは現在にとっても未来にとってもひとつの誘惑であり続けるのではないだろうか？　全能性への夢は、〈法〉によって抑制・抑圧されているとはいえ、常に存在している。破滅の危険をもかえりみずに〈法〉に背反しようとする誘惑は常に存在してはいるが、しかし次のような違いがある。すなわち、全能性の獲得に乗り出すことは今度は、全面的な――しかし取り返しのつかない――破滅の中に自分自身と人類が確実に呑み込まれることである、という違い（これはおそらく、黙示録的な夢を和らげるか、あるいは逆にそれを激化させる）を伴っているのである。

原注

序論

（1）Albert Speer, *Journal de Spandau*（アルベルト・シュペーア『シュパンダウ日記』）, Paris, Laffont, 1975, p. 136 n.

（2）本書では、この用語〔幻想 fantasme〕を精神分析学的な意味においてではなく、より一般的な意味で用いる。それは想像力が、言うなれば妄想が思いのままに作り上げたものである。事典『ラルース』*Larousse* には「心の中で形成される幻覚、妄想」とある。

（3）ただし本書では、他の国ぐにで書かれはしたが、ごく当然のことながらこの新しいディスクールに含まれる二、三の例をも用いる。

（4）本書最終章でこれらの問題にたち戻る。しかしここですぐ、ナチズムにかんする歴史記述についての最良の批判的分析を二点指摘しておこう。Pierre Ayçoberry, *La Question nazie. Les interprétations du national-socialisme 1922–1975*（ピエール・エソベリ『ナチ問題。国民社会主義《ナチズム》の諸解釈　一九二二～一九七五年』）, Paris, Éd. du Seuil, 1979 および Klaus Hildebrand, *Das Dritte Reich*（クラウス・ヒルデブラント『第三帝国』）, München, Oldenburg, 1979〔邦訳『ヒトラーと第三帝国』中井晶夫・義井博訳、南窓社、一九八七年〕

である。読者は、今しがた暗に言及した理論的弱点についての的確な説明をこれらの著作のうちに見いだすであろう。
(5) いきなりではあるが、私は映画批評や文学批評の分野ではまったく資格がないことを明確にしておきたい。ただしここで重要なことはまさに、一定の主題を感じ取り、一定の印象を受け、一定の観念連合〔=連想〕に引きずられる観客ないし読者の眼差しなのである。
(6) 本書で言おうとしているようなキッチュなる用語の定義は後の方〔本書二六ページ〕で示しておく。ともかくもそれは、ここ数年来日常語となった《キッチュ・デザイン》のことではない……〔日常的な用語法では、「大衆迎合的なまがいもの、ごてごてした悪趣味なもの」を意味する〕。

第一章　ナチズムの美学と言語

(1) Abraham Moles, *Psychologie du kitsch. L'art du bonheur*(アブラアム・モル『キッチュの心理学――幸福の技法』), Paris, Denoël, 1971, pp. 19–20〔邦訳『キッチュの心理学』新装版、万沢正美訳、法政大学出版局、二〇二〇年、二五ページ〕。
(2) Albert Speer, *Au cœur du Troisième Reich*(アルベルト・シュペーア『第三帝国の内幕』), Paris, Fayard, 1971, p. 231〔邦訳『ナチス軍需相の証言――シュペーア回想録』上、品田豊治訳、中公文庫、二〇二〇年、三一二ページ〕。
(3) 敗北が迫りくるのを感じた時、ヒトラーは帝国総統官邸の地下防空壕に引きこもるに至ったことを、ここでついでに記しておこう。居住様式と、ひとつの生涯の浮沈との魅惑的な一致である。

（4）伝説によれば、皇帝バルバロッサ〔神聖ローマ帝国（シュタウフェン帝国）皇帝フリードリヒ一世（一一二二～九〇年）の異名で赤髭の意。また、一九四一年六月に開始された対ソ戦は「バルバロッサ作戦」と名付けられた〕は、ハルツ山地〔ワルプルギスなどゲルマン伝説の舞台〕に眠り、カール大帝はウンタースベルク山に眠る。

（5）Jacques Laurent, *Histoire égoïste*（ジャック・ロラン『自分本位の物語』）, Paris, La Table ronde, 1976, p. 174.

（6）Marguerite Yourcenar, *Le Coup de grâce*, Paris, Gallimard, coll.《Folio》, 1971, p. 229〔初版は一九三九年。邦訳マルグリット・ユルスナール『とどめの一撃』岩崎力訳、雪華社、一九八五年、一四六ページ〕。

（7）Michel Tournier, *Le Roi des Aulnes*, Paris, Gallimard, coll.《Folio》, 1975, pp. 442–444〔ミシェル・トゥルニエ『魔王』下、植田祐次訳、みすず書房、二〇〇一年、三三八～三四〇ページ（ゲーテの詩「魔王」はドイツ語ではder Erlkönig、フランス語ではle roi des aulnesであって、ともに「榛《ハン》の木の王」を意味し、童話に登場する「人喰い鬼」を指す）〕。

（8）Christian de La Mazière, *Le Rêveur casqué*（クリスティアン・ドゥ・ラ・マジエール『鉄兜をかぶった夢想家』）, Paris, Laffont, coll.《J'ai lu》, 1972, p. 50.

（9）*Ibid.*, pp. 148–149（同上書）。

（10）ラ・マジエールは『鉄兜をかぶった夢想家』の中で再び、あの「けっして腐敗堕落することのない、弱点のない人たち」について語っている。本書三九ページを参照。

（11）*Le Coup de grâce, op. cit.*, p. 229〔前掲邦訳『とどめの一撃』一四五～一四六ページ〕（さらに、腐敗に直面した際の純粋性へのこだわりにも留意しておこう）。

（12）まさにこのことを、ミシェル・トゥルニエもまた彼なりのやり方でドイツ兵について次のように述べている。「それ〔ナチス・ドイツ軍〕に抵抗する力は世界のどの軍隊にもなかったのであり、また、逃げるために使える戦場の広さにすべてが左右されている、ということをわれわれは知っていた。フランスは三週間持ちこたえた。イギリスであれば二週間で占領されただろう。アメリカなら二カ月間耐え抜いただろう。ソ連はどうかと言えば、背後に抱える広大無辺な土地——これは冬によっていっそうひどいものとなる——によってのみ救われた……」（Michel Tournier, *Le Vent Paraclet*, Paris, Gallimard, 1977, p. 73〔邦訳『聖霊の風』諸田和治訳、国文社、一九八六年、七六～七七ページ〕）。

（13）Christian de La Mazière, *op. cit.*（ラ・マジエール、前掲書）, p. 48.

（14）例えば、Jean Mabire, *La Division Charlemagne. Les combats des SS français en Poméranie*（ジャン・マビール『シャルルマーニュ師団——ポンメルンにおけるナチ親衛隊フランス隊の戦闘』）, Paris, Fayard, 1974 の中で。

（15）*Ibid.*（同上書）, p. 586.

（16）Pierre Cadars et Francis Courtade, *Le Cinéma nazi*（ピエール・カダール、フランシス・クルタード『ナチ映画』）, Paris, Losfeld, 1972, p. 41.

（17）お気づきのことであろうが、このディスクールはきわめて多様な表現レヴェルにおいて繰り広げられている。すなわち、第一級の歴史的回想（アルベルト・シュペーア）、通俗文学（ジャン・マビール）、きわめて大衆的な読み手を狙った文学（クリスティアン・ドゥ・ラ・マジエール）、さまざまなレヴェルで読まれうる、大衆的にして骨の折れる小説（ミシェル・トゥルニエ）、ここ数年来の最大の《ヒット》作となった実験映画の傑作（ハンス＝ユルゲン・ジーバーベルク）である。

(18) Hans-Jürgen Syberberg, *Hitler, un film d'Allemagne* (version française),（ハンス＝ユルゲン・ジーバーベルク『ヒトラー、あるいはドイツ映画』（フランス語版）〔ドイツ語オリジナル版での題名 *Hitler, ein Film aus Deutschland* から、原題は直訳すれば『ヒトラー、ドイツからの一本の映画』なのであるが、以下、日本で慣行となっている訳題に従う〕), Paris, Seghers/Laffont, 1978, p. 29.

(19) *Ibid.*（同上書）, p. 99 *sq.*

(20) Susan Sontag,《Fascinating Fascism》, *The New York Review of Books*, 6 février 1975（スーザン・ソンタグ「人を魅惑するファシズム」、『ザ・ニューヨーク・レヴュー・オヴ・ブックス』誌一九七五年二月六日号）, p. 26〔邦訳「ファシズムの魅力」『土星の徴しの下に』富山太佳夫訳、晶文社、一九八二年、所収、一〇五ページ〕。

(21) Joseph Peter Stern,《Letter to the editor》, *The New York Review of Books*, 29 mai 1980（ジョーゼフ・ピーター・スターン「編集部あての手紙」『ザ・ニューヨーク・レヴュー・オヴ・ブックス』誌一九八〇年五月二九日号）。

(22) Joachim Fest, *Hitler*（ヨアヒム・フェスト『ヒトラー』）, Paris, Gallimard, 1974, tome II, p. 164〔邦訳『ヒトラー』下、赤羽・関・永井・鈴木訳、河出書房新社、一九七五年、一

六四ページ〕。

(23) Michel Tournier, *Le Roi des Aulnes*, *op. cit.*, p. 557〔前掲邦訳『魔王』下、四三四ページ〕。

(24) *Le Cinéma nazi*, *op. cit.*（前掲『ナチ映画』), p. 44.

(25) Michel Tournier, *Le Vent Paraclet*, *op. cit.*, p. 183 *sq.*〔前掲邦訳『聖霊の風』、一九七〜一九八ページ〕。

(26) Hans-Jürgen Syberberg, *Hitler, un film d'Allemagne*, *op. cit.*（前掲、ハンス＝ユルゲン・ジーバーベルク『ヒトラー、あるいはドイツ映画』), p. 33.

(27) Klaus Vondung, *Magie und Manipulation. Ideologischer Kult und politische Religion des Nationalsozialismus*（クラウス・フォンドゥング『魔術と操作。国民社会主義《ナチズム》のイデオロギー的祭儀と政治的宗教』), Göttingen, Vondenhoeck & Ruprecht, 1971, p. 38〔邦訳『ナチズムと祝祭——国家社会主義のイデオロギー的祭儀と政治的宗教』池田昭訳、未來社、一九八八年、一八二ページ〕から再引。

第二章　二つのヒトラー像

(1) Jean Tulard, *Napoléon ou le mythe du sauveur*（ジャン・テュラール『ナポレオン、あるいは救世主神話』), Paris, Fayard, 1977, p. 597.

(2) こうした解釈は、早くも一九三〇年代から、かの元ダンツィヒ大管区指導者ヘルマン・ラウシュニング（Hermann Rauschning, *Hitler m'a dit: Confidences Du Führer Sur Son

Plan De Conquête Du Monde（『ヒトラーが私に語った。世界征服計画にかんする総統の打ち明け話』), Coopération-Librairie Somogy, 1939〔邦訳『ヒトラーとの対話』船戸満之訳、學藝書林、一九七二年〕、また *La Révolution du nihilisme*, Gallimard, 1940〔邦訳『ニヒリズム革命』片岡啓治訳、學藝書林、一九七二年、原著は一九三八年〕)、あるいは、最初のヒトラー伝を書いたコンラート・ハイデン〔Konrad Heiden, *Adolf Hitler*（『アドルフ・ヒトラー』), 2 tomes, Europa Verlag, Zürich 1936-1937〕がヒトラーについて与えた解釈であった。これと同じ、本質的ニヒリズムという主張がアラン・バロックによる戦後の大冊の伝記（Alain Bullock, *Hitler. A Study in Tyranny*（『ヒトラー。圧制の研究』), Londres, Odhams, 1953; revue 1964; trad. En langue française: *Hitler ou les mécanismes de la tyrannie*（アラン・バロック『ヒトラー、あるいは圧制の諸機構』), Bruxelles, Marabout-Université〔邦訳『アドルフ・ヒトラー』Ⅰ・Ⅱ、大西尹明訳、みすず書房、一九五八、六〇年〕の中で踏襲された。

（3）Albert Speer, *L'Immoralité du pouvoir*（アルベルト・シュペーア『権力の背徳性』), Paris, La Table ronde, 1981, pp. 94-95.

（4）Albert Speer, *Au cœur du Troisième Reich*, *op. cit.*, p. 451〔前掲邦訳『ナチス軍需相の証言——シュペーア回想録』下、一〇三ページ〕。

（5）*Ibid.*, p. 675〔同上邦訳、下、三九七ページ〕。

（6）Werner Maser, *Adolf Hitler. Legende, Mythos, Wirklichkeit*（ヴェルナー・マーザー『アドルフ・ヒトラー。伝説、神話、現実』), München, Bechtle, 1971, p. 9〔邦訳『アドル

フ・ヒトラー伝』上『人間ヒトラー』黒川剛訳、サイマル出版会、一九七六年、三ページ〕。

（7）George Steiner, *Le Transport de A. H.*（ジョージ・スタイナー『A・Hの移送』）, Paris, Julliard, 1981〔邦訳『ヒトラーの弁明——サンクリストバルへのA・Hの移送』佐川愛子・大西哲訳、三交社、一九九二年〕。この物語はこれまで引用してきた書物・映画ほどよくは知られていないので、いくつかの要点をかいつまんで説明しておく必要がある。

（8）*Le Transport de A. H., ibid.*, p. 100〔前掲邦訳『ヒトラーの弁明——サンクリストバルへのA・Hの移送』、九五ページ〕。

（9）Hans-Jürgen Syberberg, *Hitler, un film d'Allemagne, op. cit.*（前掲『ヒトラー、あるいはドイツ映画』）, p. 33 *sq.*

（10）*Ibid.*〔同上書〕, p. 95.

（11）Albert Speer, *op. cit.*, p. 187〔前掲邦訳『ナチス軍需相の証言——シュペーア回想録』、二五四ページ〕。

（12）*Ibid.*, p. 189〔同上邦訳、上、二五六ページ〕。

（13）*Ibid.*, p. 245〔同上邦訳、上、三二九ページ〕。

（14）*Ibid.*, p. 663〔同上邦訳、下、三八一～三八二ページ〕。

（15）Joachim Fest, *Hitler, op. cit.*, tome I, p. vii et xvi〔前掲邦訳『ヒトラー』上、七ページおよび一五ページ〕。

（16）*Ibid.*, tome II, p. 469〔同上邦訳、下、四六六ページ以下〕。

（17）*Ibid.*, tome II, p. 462 *sq.*〔同上邦訳、下、四六二ページ以下〕。

（18）*Ibid.*, tome II, p. 468〔同上邦訳、下、四六五ページ〕。
（19）*Ibid.*, tome II, pp. 470–471〔同上邦訳、下、四六七〜四六八ページ〕。
（20）Alain de Benoist, *Vu de droite*（アラン・ドゥ・ブノワ『右翼から見て』）, Paris, Copernic, 1978, p. 556.
（21）Joachim Fest, *Hitler*, *op. cit.*, tome I, p. x.〔前掲邦訳『ヒトラー』上、九ページ〕。
（22）*Ibid.*, tome I, p. x.〔同上邦訳、上、九〜一〇ページ〕。
（23）Albert Speer, *Journal de Spandau*（前掲、アルベルト・シュペーア『シュパンダウ日記』）, Paris, Laffont, 1975, p. 99.
（24）George Steiner, *Le Transport de A. H.*, Paris, Julliard, 1981, p. 60〔前掲邦訳『ヒトラーの弁明——サンクリストバルへのA・Hの移送』、五七ページ〕。
（25）Ernst Jünger, *Second journal parisien. Journal: 1943–1945*（エルンスト・ユンガー『第二のパリ日記。一九四三〜一九四五年』）, Paris, Christian Bourgois, 1980, p. 333〔エルンスト・ユンガー『パリ日記』山本尤訳、月曜社、二〇一一年、には一九四四年八月一三日の項までしか収録されていない〕。
（26）この写真は、Albert Speer, *op. cit.*, p. 608 以下の数葉の写真のなかにある〔前掲邦訳『ナチス軍需相の証言——シュペーア回想録』には収録されていない〕。
（27）《Entretien avec Michel Foucault》, *Cahiers du Cinéma*, n°s 251–252, juillet-août 1974（「ミシェル・フーコーとの対談」『カイエ・デュ・シネマ』誌第二五一・二五二合併号、一九七四年七〜八月）, p. 10 *sq*.

（28）Ibid.（同上）。

（29）Susan Sontag, 《Fascinating Fascism》, *The New York Review of Books*, 6 février 1975, p. 28 *sq*.〔前掲邦訳「ファシズムの魅力」『土星の徴しの下に』一二三ページ〕。

（30）《Interview de Luchino Visconti par Stefano Roncoroni》, *Cinéma 70*, n° 145, avril 1970（「ルキーノ・ヴィスコンティへのインタヴュー。ステファーノ・ロンコローニによる」『シネマ 七〇』誌第一四五号、一九七〇年四月）, p. 101.

（31）Pascal Bonitzer, 《Le secret derrière la porte》, *Cahiers du cinéma*, n°s 251-252, juillet-août 1974（パスカル・ボニゼール「門のうしろの秘密」、『カイエ・デュ・シネマ』誌第二五一・二五二合併号、一九七四年七〜八月）, p. 35.

（32）Ibid.（同上）, p. 33.

（33）Ibid.（同上）。

（34）《Entretien avec Michel Foucault》（前掲「ミシェル・フーコーとの対談」）, op. cit., p. 10 *sq*.

（35）Pascal Bonitzer, 《Le secret derrière la porte》（前掲、パスカル・ボニゼール「門のうしろの秘密」）, op. cit., p. 33.

（36）George Steiner, *Le Transport de A. H.*, *op. cit.*, p. 60〔前掲邦訳、ジョージ・スタイナー『ヒトラーの弁明——サンクリストバルへのA・Hの移送』、五七ページ〕。

第三章　悪魔祓いの諸形態

（1）Hans-Jürgen Syberberg, *Hitler, ein Film aus Deutschland*（ハンス＝ユルゲン・ジーバーベルク『ヒトラー、あるいはドイツ映画』), Reinbek bei Hamburg, Rowohlt, 1978, p. 9.

（2）ジーバーベルクはこの言葉を、ヴィニフレート・ヴァグナー〔リヒャルト・ヴァグナーの長男ジークフリートの妻でナチに共鳴していた。一九八〇年に没〕のために制作した一九七五年の映画〔『ヴィニフレート・ヴァグナーとヴァーンフリート家の歴史 一九一四～一九七五年』〕を紹介するのに用いた。

（3）このテーマにかんしては、以下の優れた論文を参照されたい。François Garçon,《Le retour d'une inquiétante imposture: *Lili Marleen* et *le Dernier Métro*》, *Les Temps modernes*, n° 422, septembre 1981（フランソワ・ガルソン「憂慮すべき欺瞞の再来――『リリー・マルレーン』と『終電車』」『レ・タン・モデルヌ』誌、第四二二号、一九八一年九月), p. 539 *sq.*

（4）アルベルト・シュペーアが行なった現実隠蔽の例を簡単に示させていただきたい。一九四四年七月二〇日の陰謀〔失敗に終わった、ヒトラー暗殺とナチ政権打倒のための「ワルキューレ作戦」〕の被告たちが、緩慢な絞殺により断末魔の苦悶が激しくなるような形で絞首刑に処せられたことは周知の事実である。処刑は映画に撮影され、ヒトラーはそれをまさにその日の夕方にも、続いてその後も繰り返し上映させた。ところがシュペーアは、これらの出来事を以下のように想い起こしている。「同じテーブル〔ラステンブルク〔旧東プロイセンの地名、現在はポーランド領ケントシン。総統大本営が置かれていた〕の司令部の地図用テーブル――フリードレンダー〕の上に写真の山があるのをその日見かけた。考えに耽っていたために私はそれらを手にはしたがまたすぐにもとに戻した。写真の一番上には、ズボンに幅広い縞柄の色布をつけた、囚人服を着た絞首刑者の写っているのがチラッと見えた。ヒトラーの側近のひとりであったナチ親衛隊将校が私に説明してくれた。「ばからしい人生ですよ。他の写真もご覧になりますか? すべて処刑の間に撮った写真ですよ」。その夕方、陰謀家処刑の映画が映写室で上映された。……私は、大部分親衛隊士官と民間人からなる大勢の人がその映写会に行くのを目にした。だが国防軍の将校はひとりとしていなかった」(Albert Speer, *Au cœur du Troisième Reich*, *op. cit.*, p. 554〔前掲邦訳『ナチス軍需相の証言――シュペーア回想録』下、二三八ページ〕)。その映画がヒトラーのために用意されたことについて、また、どうやらヒトラーがその映画を何度も繰り返し眺めてはひとり悦に入っていたことについては、ひと言も触れられていないのである。

(5) Serge Thion, *Vérité historique ou vérité politique? Le dossier de l'affaire Faurisson, La question des chambres à gaz*(セルジュ・ティオン『歴史的真理なのか、それとも政治的真理なのか?――フォリソン事件文書。ガス室の問題』), Paris, La Vieille Taupe, 1980, p. 89.

(6) *Ibid.*(同上書), p. 179.

(7) このテーマにかんしては、とりわけ以下を参照。Nadine Fresco, 《Les redresseurs de morts》, *Les Temps modernes*, juin 1980(ナディーヌ・フレスコ「死者を懲らしめる人たち」『レ・タン・モデルヌ』誌一九八〇年六月号)、Pierre Vidal-Naquet, 《Un Eichmann de papier》, *Esprit*, septembre 1980(ピエール・ヴィダル゠ナケ「張り子のアイヒマン」『エスプリ』誌一九八〇年九月号)、また Georges Wellers, *Les chambres à gaz ont existé*, Paris

（ジョルジュ・ウェレール『ガス室は存在した』), Gallimard, 1981.

（8）Paul Rassinier, *Le Mensonge d'Ulysse*（ポール・ラシニエ『ユリシーズの嘘』), Paris, Librairie française, éd. de 1955, p. 26.

（9）David Irving, *Hitler's War*, New York, Viking Press, 1977〔デイヴィッド・アーヴィング『ヒトラーの戦争』下、赤羽龍夫訳、早川書房、一九八三年、四九〇～四九一ページ。この中でアーヴィングは「歴史修正主義」の立場をとったが、後にその立場を撤回〕。

（10）Hellmut Diwald, *Geschichte der Deutschen*（ヘルムート・ディヴァルト『ドイツ人の歴史』), Frankfurt, Propyläen, 1978, p. 165.

（11）Martin Broszat,《Hitler and the Genesis of the "Final Solution"》, English translation in *Yad Vashem Studies*, vol. XIII（マルティン・ブロシャート「ヒトラーと《最終的解決》の起源」（英語訳）『ヤド・ヴァシェム（イスラエル国立ホロコースト追悼センター）研究』誌第十三号), 1979, pp. 93–94.

（12）George Steiner, *Langage et silence*（ジョージ・スタイナー『言語と沈黙』), Paris, Éd. du Seuil, 1969, pp. 102–103〔邦訳『言語と沈黙――言語・文学・非人間的なるものについて』由良君美他訳、せりか書房、二〇〇一年、一三六ページ〕。

（13）偶然および人間性というテーマはさらに、対独協力を正当化することになる文学全体の中で一種のライトモティーフに相当している（他方、選択というテーマは、明らかにレジスタンス文学の基調をなしている）。とりわけ以下を参照。Jacques Laurent, *Les Bêtises*,（ジャック・ロラン『愚かな言動』）(Prix Goncourt), Grasset, 1971; Dito., *Histoire égoïste*（同

『自分本位の物語』), La Table ronde, 1976.

（14）これは、以下の書物における主張でもあることをついでに指摘しておこう。Louis Pauwels et Jacques Bergier, *Le Matin des magiciens: introduction au réalisme fantastique; The Morning of the Magicians*, New York, Stein & Day, 1964（ルイ・ポーウェルス、ジャック・ベルジエ『魔法使いたちの朝。幻想的リアリズム序説』), Paris, Gallimard, 1972（1ère édition, 1960）〔邦訳『神秘学大全――魔術師が未来の扉を開く』伊東守男編訳、サイマル出版会、一九七五年。なお英訳版 *Reflections of Nazism: An Essay on Kitsch and Death*, New York, Harper & Row, 1984, p. 101 の脚注では、「このことは、〔『魔王』の〕フランス語版オリジナルの「序文」では明確に述べられていたが、アメリカでの翻訳 *The Ogre*, New York, Doubleday, 1972 には何らかの理由から入れられていない」との追記がなされている〕。

（15）Michel Tournier, *Le Roi des Aulnes, op. cit.*, p. 386〔前掲邦訳『魔王』下、三〇〇ページ〕。

（16）Discours de Himmler du 4 octobre 1943, Tribunal militaire de Nuremberg, vol. 29（「一九四三年一〇月四日のヒムラー演説」、『ニュルンベルク軍事裁判』第二九巻), p. 145 *sq.* (Doc. PS-1919)〔本書の英訳版 *Reflections of Nazism: An Essay on Kitsch and Death, op. cit.*, p. 103 では、「われわれを根絶しよう……」および「しかもわれわれは、われわれ自身の内面……」のセンテンスなどにドイツ語表記が併記されている〕。

（17）Maurice Bardèche, *Qu'est-ce que le fascisme?*（モーリス・バルデーシュ『ファシズムとは何か？』), Paris, rééd. Les Sept Couleurs, 1970.

(18) 本書では、通常の反ユダヤ主義にも、また、この主題に影響を与えかねない政治的論争にも言及することはしない。その検討分野は本エセー全体のものと同じである。つまり、ナチズムにかんする新たなディスクールと、ひょっとするとそれが過去との間にもつ照応関係、という分野である。

(19) 繰り返し述べておく必要があるだろうか？　本書で分析しているテクストは、それらの筆者たちの意図を対象としているものではまったくない。たとえば、ジョージ・スタイナーは自分のユダヤ性を熟知しており、また彼のおかげでユダヤ人大虐殺〔＝ホロコースト〕にかんする衝撃的な記述（『Ａ・Ｈの移送』〔前掲邦訳『ヒトラーの弁明――サンクリストバルへのＡ・Ｈの移送』〕の中でのリーバーの独白はことに感動的である）を読むことができるようになったのだが、彼はユダヤ人にかんする記号を故意に逆転したのではない。しかしながら、次の点もまた認めておかねばならない。すなわち、テクストは独り歩きするのであり、また不可避的な反響を呼ぶ、ということを。スタイナーが反論を付さないままにしているヒトラーの演説は、多くの読者からすれば著者の抱く意図の核心であるように思われてしまうのである。

(20) George Steiner, *Le Transport de A. H., op. cit.*, p. 237〔前掲邦訳、ジョージ・スタイナー『ヒトラーの弁明――サンクリストバルへのＡ・Ｈの移送』、二二四ページ〕。

(21) Hans-Jürgen Syberberg, *Hitler, un film d'Allemagne*〔前掲、ハンス・ユルゲン・ジーバーベルク『ヒトラー、あるいはドイツ映画』〕, *op. cit.*, p. 172.

(22) さまざまな証拠からして、シュペーアは言おうと望んだ以上に最終的解決について知っていたのであり、また、回想録がほのめかしているほどにはユダヤ人問題にかんして控え目ではなかった、との印象が得られる。

(23) Michel Tournier, *Le Roi des Aulnes, op. cit.*, p. 581〔前掲邦訳、ミシェル・トゥルニエ『魔王』下、四三七ページ〕。

(24) ナチ運動の初期に言い触らされ、幾らかの金を手に入れるためにヒトラーの甥が利用し、また、一度として解明されたことのない理由からも元ポーランド総督のハンス・フランク〔ナチ党幹部で法務部門の責任者〕がニュルンベルク裁判の際に踏襲し、さらに一九五〇年代の何人かの歴史家も繰り返したこうした《ほのめかし》は、今日では納得しうる根拠のない噂話としか見なされていない。この点については、以下の書物の入念な調査を参照。Werner Maser, *Adolf Hitler. Legende, Mythe, Wirklichkeit*, Munich, Bechtle, 1971, p. 12〔前掲邦訳、ヴェルナー・マーザー『アドルフ・ヒトラー伝』I『人間ヒトラー』、八ページ以下〕。

(25) George Steiner, *Le Transport de A. H., op. cit.*, p. 238〔前掲邦訳、ジョージ・スタイナー『ヒトラーの弁明――サンクリストバルへのA・Hの移送』、二二五〜二二六ページ〕。

(26) *Ibid.*, p. 250〔同上邦訳、二三五〜二三六ページ。なお、この引用に続く言葉は「「ホロコーストは、イスラエルが力を得るために必要な出来事だった」。こう述べたのは、私ではなく、諸君自身の予言者たち、〔……〕ではないのか?」である〕。

（1）トーマス・クーンが以下の書物で用いている意味において。Thomas Kuhn, *La Structure des révolutions scientifiques*, Paris, Flammarion, 1972〔邦訳『科学革命の構造』中山茂訳、みすず書房、一九七一年〕。

（2）ナチの反ユダヤ主義にかんする以下の私の研究書は同じ問題を提起している。*L'Antisémitisme nazi: histoire d'une psychose collective*（『ナチの反ユダヤ主義。集団的心理の歴史』), Paris, Éd. du Seuil, 1971.

（3）Alain Bullock, *Hitler ou les mécanismes de la tyrannie, op. cit.*, p. 343〔前掲邦訳、アラン・バロック『アドルフ・ヒトラー』Ⅱ、三～四ページ〕。

（4）われわれは以下で、数年前の下記論文の中で展開した論証を繰り返しておく。Saul Friedländer, 《L'extermination des juifs d'Europe: pour une étude historique globale》, *Revue d'études juives*, CXXXV, vol. 1-3, janvier-septembre 1976（ソール・フリードレンダー「ヨーロッパのユダヤ人絶滅——グローバルな歴史的研究のために」『ユダヤ人問題研究雑誌』第一三五巻第一～三合併号、一九七六年一～九月), p. 113 *sq*.

（5）Ernst Nolte, *Le Fascisme dans son époque, L'Action française, Le Fascisme italien, Le National-socialisme*（エルンスト・ノルテ『ファシズムとその時代。アクシオン・フランセーズ、イタリア・ファシズム、国民社会主義《ナチズム》』), Paris, Fayard, 1970, tome I, p. 19.

（6）以下を参照。Eberhard Jäckel, *Hitler. Sämtliche Aufzeichnungen 1905-1924*（エーバーハルト・イェッケル『ヒトラー——全記録。一九〇五～一九二四年』), Stuttgart, Deutsche Verlag Anstalt, 1980.

(7) Adolf Hitler, *Libres propos*（アドルフ・ヒトラー『雑談』), tome II, p. 347〔邦訳『ヒトラーのテーブルトーク　1941-1944』下、吉田八岑監訳、三交社、一九九四年、四四五ページ〕。

(8) Théodor Adorno et Max Horkheimer, 《Éléments de l'antisémitisme》 *in La Dialectique de la raison. Fragments philosophiques*（テオドール・アドルノ、マックス・ホルクハイマー「反ユダヤ主義の諸要素」『理性の弁証法。哲学的断章』所収), Paris, Gallimard, 1974, p. 214〔邦訳、ホルクハイマー、アドルノ『啓蒙の弁証法——哲学的断想』徳永恂訳、岩波文庫、二〇〇七年、四二一ページ〕。

(9) Documents de Nuremberg PS-3663 et PS-3666（ニュルンベルグ国際軍事法廷資料 PS 3663およびPS 3666〔本書の英訳版 *Reflections of Nazism: An Essay on Kitsch and Death, op. cit.*, p. 124 の脚注ではPS 3666のみ〕)。一定の状況の下では経済的要請が民族絶滅の要請に優先したように思われる、との指摘がなされてきた。ヒトラーでさえ、少なくとも二度にわたって、経済的理由から一定数のユダヤ人の処刑を延期せよ、との命令を下した。しかしながら、こうした事例はやはり例外的なものであった。戦争末期の数カ月間は別として、いついかなる時にも、ユダヤ人労働力の奴隷制的利用がユダヤ人絶滅よりも重要であると判断された、などという主張を可能ならしめる、記録にもとづく証拠はひとつとして存在しない。

(10) Abraham Léon, *La Conception matérialiste de la question juive*（『ユダヤ人問題の唯物論的理解』), Paris, Études et documentations internationales, rééd. 1968, p. 155〔邦訳、アー

ブラハム・レオン『ユダヤ人と資本主義』波田節夫訳、法政大学出版局、一九七三年、二六六～二六七ページ。アブラム・レオン『ユダヤ人問題の史的展開——シオニズムか社会主義か』湯浅赳男訳、柘植書房、一九七三年、一九四ページ〕。

(11) *Ibid.*, p. 156〔同上邦訳、波田訳、二六八～二六九ページ。湯浅訳、一九六ページ〕。アブラム・レオンは彼の著書を一九四三年より前には書き終えていた〔フランス語での初版刊行は一九四八年〕ことを強調しておかねばならない。したがって、出来事についての彼の認識は部分的なものとならざるを得なかったのである（二年後〔一九四四年一〇月〕にアウシュヴィッツで死亡）。

(12)《Lettre de Liliana Cavani au journal *Le Monde*》(「『ル・モンド』紙へのリリアーナ・カヴァーニの手紙」), 25 avril 1974.

(13) Marie Chaix,《Le fascisme à la mode》, *Le Nouvel Observateur*, n° 492, avril 1974（マリー・シェ「流行りのファシズム」『ル・ヌヴェル・オブセルヴァトゥール』誌第四九二号、一九七四年四月), p. 49.

(14) 以下から再引。Georges Bataille, *L'Érotisme*, Paris, Éd. de Minuit, 1957, p. 181〔邦訳『ジョルジュ・バタイユ著作集』第七巻『エロティシズム』澁澤龍彦訳、二見書房、一九七三年、一五七ページ〕。

(15) Siegfried Kracauer, *De Caligari à Hitler. Une histoire psychologique du cinéma allemand*（ジークフリート・クラカウアー『カリガリからヒトラーまで。ドイツ映画の心理史』), Lausanne, L'Âge d'homme, 1973, p. 79〔邦訳『カリガリからヒットラーまで』平井

正訳、せりか書房、一九七一年、六七～六八ページ（『カリガリからヒトラーへ――ドイツ映画1918-1933における集団心理の構造分析』丸尾定訳、みすず書房、一九七〇年、新版一九九五年、七五ページでは「ドイツ人の集合的な魂」）。なお英語での初版刊行は一九四七年。また、その後、クラカウアーによる解釈に対しては、Thomas Elsaesser, *Weimar Cinema and After: Germany's Historical Imaginary*（トマス・エルザッサー『ヴァイマール映画とその後。ドイツの歴史的想像力』）. London, Routledge, 2000 によって批判がなされている〕。

（16）Joachim Fest, *Hitler, op. cit.*, tome II, p. 170〔前掲邦訳フェスト『ヒトラー』下、一六九ページ〕。

（17）このテーマにかんしては、以下の見事な著作での主張を思い起こしていただきたい。Norman Cohn, *Les Fanatiques de l'Apocalypse*（ノーマン・コーン『黙示録への狂信者たち』）, Paris, Julliard, 1962〔邦訳『千年王国の追求』新装版、江河徹訳、紀伊國屋書店、二〇〇八年〕。

補注

序論

〔＊1〕英訳版では、この後に以下の内容が追加されている。

ナチズムにかんする新たなディスクールについて、ナイジェル・アンドルーズによるジーバーベルクのヒトラー映画評（Nigel Andrews,《Hitler as Entetainment》, *American Film*, April 1978（「娯楽としてのヒトラー」『アメリカ映画』誌、一九七八年四月号））を紹介。アンドルーズはその中で、ヒトラーが娯楽産業の一部に変化した仕方を「現代の驚くべき現象」と呼び、「ヒトラーやナチがどっと映画に登場しているのは、控え目に言っても奇異なことである。内輪の恥を伝える健全なひびきなのであろうか、それとも、こけおどし、パトリオティズム、政治的確信がみなぎっていた時代へのノスタルジーを示す不吉な旋律なのであろうか」と述べている。

本書は、ヒトラーやナチスを描いた映画について包括的研究ではなく、ナチズムについての新たなディスクールの共通構造を明らかにすることを意図しているのであり、そのためにもっとも典型的と考えられる作品を例として選んだとされる。『リリー・マルレーン』〔ライナー・ヴェルナー・ファスビンダー監督、一九八一年作品〕はその中でもメロドラマ的性格が強いものである。他方、ヘルツォーク〔一九七〇年制作、七七年公開の『小人の饗宴』はナチズムの誕生を思わせる作品〕はナチズムには直接には言及していないことなどから、除外されている。

〔＊2〕英訳版では、この後にパラグラフを改めて、次のような内容が追加されている。

前述のように（本書一八ページ）、本書の意図は、新たなディスクールにおいてナチズムを表現する際の何らかの姿勢や仕方を非難することにはない。基本目的は、過去および現在の想像力のいくつかの構造を明らかにすることにある。だからと言って、中立を装うのは偽善であろう。ナチズムにかんする新たなディスクールはある種の不安をかき立てる。この不安こそ、われわれの多くに新たなディスクールの認識を可能にする基準のひとつなのである。曖昧なものであって、また人によって異なるものではあるが、しかしその不安は、作者あるいは映画監督の公然たる道徳的・イデオロギー的立場、すなわちナチズムに対する非難、理解しようとする意志、そして美学的効果の間の不調和に由来する。

〔次に、ジーバーベルクの『ヒトラー、あるいはドイツ映画』にかんするエセーでのS・ソンタグの言葉が引用されている。〕すなわち「映画が終わりかけている時に、ジーバーベルクはもうひとつ魅惑的なイメージを作り出そうと望んだ。その映画が最終的に終わった時でさえ、彼はなおも言葉を続けようと望み、詩人ハイネからのエピグラフ、モガディシュ＝シュタムハイム〔一九七七年九月五日のドイツ経営者連盟会長ハンス＝マルティン・シュライヤー誘拐から、一〇月一三日のルフトハンザ航空一八一便のハイジャック、一八日未明のソマリア・モガディシュ Mogadishu 空港でのドイツ連邦警察の対テロ特殊部隊GSG－9による鎮圧、シュタムハイム Stammheim 監獄でのドイツ赤軍派RAFメンバーの自殺、シュライアーの遺体発見に至る六週間は「ドイツの秋 Deutscher Herbst」と呼ばれる。この事件のこと、あるいは、翌一九七八年にライナー・ヴェルナー・ファスビンダー、フォルカー・シュレンドルフら数名の監督によって制作されたオムニバス作品『秋のドイツ』*Deutschland im Herbst* のことを指すと思われる〕からの引用、彼の最後のご託宣めいた言葉、そして最後に聖杯〔イエズスが最後の晩餐で用いた酒杯〕への言及からなる後記を付け加えた。その映画自体がひとつの世界の創造なのであり、感嘆する観客と同じように、その映画の創造者〔＝制作者〕もそこから脱出するのに苦労している（と感じられる）。感情移入術のこうした行使は、官能的な苦痛を、また、結論を出すことについての不安を生みだす……」と（Susan Sontag,《Syberberg's Hitler》, in *Under the Sign of Saturn, op. cit.*, p. 164〔スーザン・ソンタグ「ジーバーベルクのヒトラー」、前掲邦訳『土星の徴しの下に』一八四〜一八五ページ〕）。

問題は、あるがままのナチズムそれ自体の再喚起から、すなわち恐怖と苦痛から、官能的な不安と魅惑的なイメージへと、すなわちずっと続くのを目にしたくなるようなイメージへと次第に関心が逸れていったことにある。それは結局のところ傑作なのかも知れないが、しかし、調子っぱずれの（と感じられる）傑作なのかも知れない。沈思黙考しているさなかに、ひとりよがりという疑いが増してくるのだから。ある種の限界が乗り越えられて、不安が現れてくる。それが、新たなディスクールの兆候なのである。〔ここで著者は別途に脚注を付しているが、地の文と区別することなく、以下に要点を紹介しておく〕。もっとはっきり言えば、より複雑な事例においては、ナチズムにかんする新たなディスクールは、ほぼ常に以下の三つのレヴェル、すなわち、（一）イメージの言語とその言語が作り出す魅惑、（二）歴史、近代文明、ナチ党員、ユダヤ人その他についての——作品の中では暗示的であるが、著者や監督とのインタヴューでは明示的な——奇妙な言説、そして（三）抽象的議論、神話理論、今日の芸術・文学の機能、等々を引き合いに出す、洗練された上部構造、という三つのレヴェルのディスクールの混合物なのである。

〔さらに著者自身による本書の構成についての説明がなされている。それによれば、〕本書は歴史研究ではなく、二つの評論を結びつけたものである。最初のものは第一章、第二章および第四章からなっている。これは、本書の主要部分に相当しており、新たなディスクールの基本要素ならびにキッチュと死とを備えた初期の魅惑方法のいくつかについての検討である。第三章だけの二つ目の評論は、ナチズムの犯罪的側面が、巧妙な言葉遣い、意味の置き換え、美学化、象徴の逆転を通じて、現代人の心のなかで無毒化されている、その無毒化neutralizationのされ方のいくつかを明らかにすることを目ざしたものである。以上二つの評論は明らかに、同じ問題の二つの相である。すなわち、ナチズムの最悪の諸側面が無毒化されればされるほど、新たなディスクールはますますわれわれの想像力のうちに入り込んでくる。

第一章

〔＊1〕英訳版ではこのパラグラフ冒頭からここまでの約三行分が削除されている。

〔＊2〕英訳版では、「これら二つの」の前に以下のような追加がなされている。すなわち、「キッチュの特徴のひとつは、まさしく「極端な諸状況」――とりわけ死――を何か感傷的な牧歌へと変えることを通じて無毒化することである（例えば、Ludwig Giesz, *Phänomenologie des Kitsches*（ルートヴィヒ・ギエス『キッチュの現象学』）, München, Wilhelm Fink Verlag, 1971, p. 39を参照）。このことは、キッチュの産出のレヴェルでは疑いもなく当てはまるのであるが、個人的な経験のレヴェルでは、人が死を心に描いたりあるいは死に直面したりする時には、ほとんど当てはまらない。今述べたことではあるが、ひとりの人を取り巻くキッチュ・イメージがいかなるものであれ、死は正真正銘の孤独・恐怖感をかき立てる。元来、個人的経験のレヴェルでは、キッチュと死とは相容れないままなのである」。

〔＊3〕英訳版では、このパラグラフ全体が削除されている。

〔＊4〕英語版では、ここに、キッチュの特徴である繰り返しについての以下のようなキリーによる文章を引用した注が付されている。「言葉は、形容詞あるいは属詞から情動的な支えを獲得する。こうして創り出された主題は、同じような主題によって支えられ、それらと結び付けられる。作り出されたばかりの《雰囲気》は支えが必要であり、それがもつ束の間の、そして表面的な性質は、永続性と内面化とを必要とする。それゆえにこそ、言葉とその形容詞あるいは属詞がすでに結び付いていたかのように、モチーフはモチーフと結び付けられるのである。著者のテクストの狙いについて著者が抱く確信のなさが、繰り返しという、キッチュ文学にもっともしばしば見られる特徴のひとつをもたらした」（Walther Killy, *Deutscher Kitsch: Ein Versuch mit Beispielen*（ヴァルター・キリー『ドイツのキッチュ。いくつかの例による試論』）, Göttingen, Vandenhoeck und Ruprecht, 1978, p. 14）と。

第二章

〔＊1〕英訳版では、ここからの引用文約六行分が削除されている。

〔＊2〕フランス語版での accompagnement（付随）が、英語版では accomplissement（遂行、実施）に改められている。

〔＊3〕英語版では、この「スーザン・ソンタグもまた」で始まるパラグラフから、一〇〇ページの「と力説する」までのパラグラフ三つ分が削除されている。

〔＊4〕英語版では、このパラグラフ全体、「ナチズムの諸々のシンボル」から「とも思われない」までが削除されている。

〔＊5〕英語版では、「一九四一年一一月の、ベルリンの」から「同じように曖昧である」までの約五行分が、以下のような文章に置き換えられている。すなわち、「われわれは、最終的解決へのヒトラーの関与についての多数の間接的証拠を、また、彼の命令への、大部分はヒムラーに由来する多数の言及を手にしている。しかし、ヒトラー本人からのものとしては、われわれは彼の腹心の友の誰かに宛てたいくつかの簡潔な指摘を手にしているだけである。また、帝国議会において行なったいくつかの不吉なほのめかしを、しかし一九四二年九月および一一月のものと同じように曖昧なほのめかしを手にしてもいる」に置き換えられている。

〔＊6〕英語版では、このセンテンス「ほとんど何ひとつ……表現である」が「語られないままの事柄、想像力に委ねられた事がらの点でぞっとさせる、不吉なほのめかしである」に置き換えられている。

〔＊7〕英語版では、ここからこのページの終わりまでが削除されている。

第三章

〔＊1〕英語版では、「そして」からのワン・センテンスが省略されている。

〔＊2〕英語版では、「この活動がそのための」からそのパラグラフの最後まで、そして次のパラグラフ「一九四二年夏以後」からそのパラグラフの最後「再利用されることとなった」

までが削除されている。

〔＊3〕英語版では、この「解釈学のゼミナールにおいては」から「分からないことがあるだろうか」までの四行余りが削除されている。

〔＊4〕英語版では、この後にパラグラフを改めて、以下の追加がなされている。「私の言わんとしていることを誤解しないでいただきたい。歴史家というものはそれ以外のやり方では研究できないのであり、歴史研究は承認済みの道筋にしたがって行なわれるべきなのである。記述された出来事が異常なのであって、歴史家の研究が異常なのではない。われわれは、われわれの表現手段の限界に達した。他の表現手段をわれわれは手にしていないのである」。

〔＊5〕英語版では、この「美学と欲望にとっては」から次ページ「存在していることもありえよう」までが削除され、以下のような、注を含め四ページ近い置き換えがなされている。

しかし既に「序文」で示唆しておいたように、その点で関心を美学的な要素に逸らす罠に陥る。この種の「無毒化効果 effect neutralization」について再度簡単に述べておく。

ジョージ・スタイナーあるいはハンス＝ユルゲン・ジーバーベルクの二人を例に挙げるが、過去の恐怖の衝撃を無毒化する意図は確かに彼らにはなかった。おそらく彼らは、その衝撃を強めようと望んでいた。スーザン・ソンタグは、後者についての評論（Susan Sontag, *Under the Sign of Saturn, op. cit.*, p. 139〔前掲邦訳『土星の徴しの下に』、一五五〜一五六ページ〕）の中でリアリズムを拒んだ理由をはっきりと次のように強調している。

すなわち「意識的に残虐さをかき立てると、観客を受身にし、無分別なステレオタイプに勢いをつけ、相違を確認させ、そしてフラストレーションを作り出す危険が生じる。ジーバーベルクには、映画監督がナチズムに立ち向かう際の道徳的に（そして美学的に）正しい方法がある、とする確信があったことから、リアリズムとして通用している、表現様式《スタイル》上の創作作法を何ひとつ利用しえなかった。彼はまた、それが「現実に」どのようなものだったかを示すためにドキュメントに頼ることもできなかった。フィクションとしての刺戟と同じく、写真による証拠という形をとった残虐さの展示は無言のうちにポルノグラフィ的になる危険を冒す……」と。

ポルノグラフィ的なものになりかねなかったのであるが、そうなるまでもなかった。アラン・レネ監督の『夜と霧』〔一九五六年作品〕、マルセル・オフュルス監督の『悲しみと哀れみ』〔一九六九年〕は、また、文学の世界でのロルフ・ホーホフート監督の『ドイツの恋』〔一九七八年〕はどうだったろうか？　重要な点はリアリズムという点にではなく、解釈、フィクションそしてメタファーが用いられている仕方にある。

より根本的な問題は、抑制やためらいや暗中模索をきわめて必要とするトピックに、われわれの理解を絶する出来事に、やたらに言葉やイメージを積みすぎるという問題であろう。キャンビーは、『ヒトラー、あるいはドイツ映画』についての評論（Vincent Canby,《Free-Form Meditation》, *The New York Times*, 13 January 1980（「形にとらわれない沈思黙考」『ザ・ニューヨーク・タイムズ』紙、一九八〇年一月一三日号）でそのことをきわめて適切に指摘した（略）。

果てしない言葉とイメージの流れは、唯一の開かれた手段が静寂や単純さという、語られないことの常在という、沈黙したいという不断に生じる誘惑という手段であるかも知れない時には、これまで以上に過去を隠す有効な目隠しとなる。G・スタイナーは『言語と沈黙』の中で次のように書いている。「以前には滅多になかったほど、詩が沈黙したい気持ちになっている」（George Steiner, *Langage et silence, op. cit.*, p. 7〔前掲邦訳『言語と沈黙――言語・文学・非人間的なるものについて』二一ページ〕）と。あるいは「あまりにも多くのことが明らかにされたあとで、いま最善のことは、おそらくは、沈黙していること、言語に絶することに文学的・社会学的な議論の些末《トリヴィア》な事柄を付け加えないことであろう……」（*ibid.*, p. 163〔同上邦訳、二一五ページ〕）と。ルールは何もないのかも知れないが、しかし、ある種の出し惜しみを求める衝動を感じるのではないのだろうか、スタイナーの言葉に賛同することはありえないのだろうか？　ただし、『言語と沈黙』の著者とではなく、『A・Hの移送』（*Le Transport de A.H., op. cit.*〔前掲邦訳『ヒトラーの弁明――サンクリストバルへのA・Hの移送』〕）の著者としてのスタイナーと、である。

　ナチズムにかんする新たなディスクールという、このエセーの本来の目的から逸れてしまいそうであるがゆえに、ホロコースト文学を扱うことを故意に避けてきている。ただしついでながら、スターンの「ホロコーストを心に描くこと」（『コメンタリー』誌、一九七六年七月号）（David Stern,《Imagining the Holocaust》, *Commentary*, July 1976, p. 49）からの引用を行なっている。スターンは、ランガーの『ホロコーストと文学的想像力』（Lawrence L. Langer, *The Holocaust and the Literary Imagination*, Yale University Press, New Haven, 1975〔邦訳『ホロコーストの文学』増谷外世嗣訳、晶文社、一九八二年〕）の書評の中の指摘を引用している。すなわち、ランガーは、ホロコーストと向かい合う中で芸術がどのようにして最終的には一種の反芸術と化してしまうのかを、また、物語そのもののさまざまな工夫がついには残虐行為には照応不適合 inadequacy である〔＝残虐行為を表現しきれない〕ことが露呈するかを示した。カタルシス（感情の浄化。感情の激発とその後に心の軽快感、高揚感をもたらす効果）による悲劇の解消のための手段を欠いていることから、それらの書物は読者を故意に不安な状態に留めおくのである——それらの作品は現実あるいは幻想あるいは虚構をどのように描くのだろうか？ ランガーが指摘しているように、多くの小説そのものが美学的な形式に逆らっている。それらの非情な荒々しさを通じて、歴史的な残虐さが繰り返し浸透してゆく……〔ここで、著者はレスリー・エプスタインの論文 Leslie Epstein《The Reality of Evil》, *Partisan Review*, 4, 1976（「悪の現実」『パーティザン・レヴュー』誌、一九七六年第四号）から著書『ユダヤ人の王』（*King of Jews*, New York, Coward, McCann & Geoghegan, 1979）にかけての転向についての批判を展開しているが、省略〕。

以上、〔ホロコーストを表現するにあたっての〕芸術の照応不適合について、また、美学化に対するリアリズムについて述べる、いまひとつの言説である。

〔＊6〕英語版では、この「意識的なものであろうとなかろうと」で始まるパラグラフの冒頭に、「それらの解釈のどれも、正しいとか誤っているとか証明されることはないかも知れない。私は単に、ひとつひとつの解釈がどのようにして過去についてのわれわれの見方を正常化し、穏やかなものとし、無毒化するのかを示そうと試みただけである」が追加されている。

〔＊7〕英語版では、この「私にたいして、ヒムラー流の……」で始まるパラグラフの冒頭に、

「破壊と死に対するあこがれは、現実の大量殺戮からの逃避を排除してはいない（絶滅施設を視察した際のヒムラーの「臆病ぶり」は周知のことである）。ヒムラーが用いた「擁護論」はしたがって、私の解釈全体と矛盾するものではない」が追加されている。

〔＊8〕英語版では、この「過去にたいする悪魔祓い」から始まるパラグラフが以下の内容に置き換えられている。

　スタイナーの小説や映画はある種の物議をかもしたが、そこでの議論にはたち戻らない。また、ナチズムの機能化あるいは美学化という論議にたち戻ることもしない。ここでの問題は、記号《シーニュ》の転換であり、また、その著者とアドルフ・ヒトラーの言い分のいくつかとの明らかな同一性の確認である。スタイナー自身が次のように述べている。すなわち、「今日に至るまで読者は、結局のところミルトンは《悪魔の一味に》属しているのかどうか知りたがっているし、また、ドストエフスキーが『カラマーゾフの兄弟』の中で大審問官の冷笑的態度にたいして何も答えを提供していないという事実について苦悶したままである。まさにこの不思議に思う心、苦悶こそ、文学作品の衝撃力と自由を構成している……」と。さらにスタイナーは後になって、次のように付け加えている。「『A・H』への反応は、観客から、読者から、二〇世紀に間断なく続いている残忍な行為に道徳的現存が巻き込まれた人びとの一人ひとりそして全員からくるに違いない。著者と読者との関係は、信頼関係であり、サルトルの言い回しでは《寛容協定 pacte de générosité》なのである……」と。……

　ジョージ・スタイナーが伝えようとする基本的考えは、神と悪との間の必然的な関連、必然的な宇宙的な共生であったとするならば、ハイアム・マコウビーが「それは、スタイナーの文化論——献身的な人道主義者であるこの博学者にしてさまざまな考えの使徒が、ヒトラーを形而上学的な原理にまで高めることによってヒトラーを尊敬すべき存在にしなければならないとする文化論——の背理法〔*reductio ad absurdum* 帰謬法／議論倒れ、とも〕であるように思われる」と指摘した（Hyam Maccoby,《George Steiner's "Hitler"》, *Encounter*, May 1982（「スタイナーのヒトラー」『エンカウンター』誌、一九八二年五月号）, p. 34）ように、スタイナーはなぜ、そのような方法で彼の論点を証明することを余儀なくされていると感じたのだろうか？

その答えは別の点からしても説得力に欠ける。われわれの対象は「ここで、今」なのであり、具体的な強い感情と現存する偏見とを帯びた諸問題なのであり、まさしくわれわれの間で容易に態度や行動を煽る主題でもあるからだ。読者と著者との間の「寛容協定」は、ある種の知の共有とある程度の価値観の共同体を仮定している。ところが、事情はたいてい異なっているのである。しかも、似而非《えせ》ヒトラーによる本物の雄弁は、ナチズムおよびユダヤ人についての今日の幻想、このエセーの材料である幻想の理解しがたい複雑に入り組んだ関係の奥深くに届くかも知れないのである。

こうして、ナチズムの本質的な諸特徴を前にした時、われわれの表現・解釈方法に対する意図的な拒否だけでなく、主としてそれらの方法では十分に表現・解釈しきれない状況も存在する。その照応不適合は、過去のインパクトそのものを防ぐ防御手段に容易に変わってしまう。こうして、その言葉のもちうるあらゆる意味合いにおいて悪魔祓いが生まれてくる。

第四章

〔＊1〕英語版では「この終章においては……」に始まるパラグラフ全体が削除されている。

〔＊2〕英語版では、この「最後に」から、このパラグラフの終わりまでが削除されている。

新たな訳者あとがき

　ここに訳出したのは、Saul Friedländer, *Reflets du nazisme*, Paris, Éditions du Seuil, 1982の全訳である。原題は『ナチズムの残照』（今思えば、むしろ「照り返し」の方が適切であろう）とでも訳せようが、内容を踏まえて訳題のようにしておいた。……このような書き出しの「訳者あとがきに代えて」をもつ旧訳は三〇年余り前の一九九〇年に社会思想社から出版された。幸いなことにこの度《ちくま学芸文庫》に加えられることとなった機会に、改めて原文に即して訳文の全面的な手直しを行なったほか、英訳版 *Reflections of Nazism: An Essay on Kitsch and Death*, New York, Harper & Row, 1984との綿密な照合を施した。したがってこの文庫版は新訳と見なすこともできよう。

　凡例に属することがらを記しておけば、

・原著には（英訳版でも）章題はなく、また、中見出しもない。最初の翻訳に際して訳者の判断で付しておいたものをほぼ踏襲した。
・オリジナル版で脚注の形をとっていた原注について、本翻訳では章ごとに（1）（2）……を付し、巻末に一括した。英訳版との照合により判明した変更点については、該当箇所に〔＊1〕〔＊2〕……を付し、それらの概要を巻末にまとめておいた。
・パラグラフについて本翻訳では、基本的に（二一～三カ所を除いて）オリジナル版の体裁に従っておいた。
・なお、〈 〉は原文での大文字で表記された言葉を、《 》は引用語句を、［ ］は引用文中における著者の補いを、また〔 〕は訳者による補いを示す。

＊

ソール・フリードレンダーの執筆したものでこれまで本書以外に邦訳されたのは、管見のかぎり、ソール・フリードランダー編、上村忠男・小沢弘明・岩崎稔訳『アウシュヴィッツと表象の限界』（未來社、一九九四年）に収録されている「序論」のみであり、また、フリードレンダーについてごく簡単な紹介しかなされていない。そこで、以下にやや詳しい紹介を付しておく。

著者は、ヒトラーによる政権掌握の前年、一九三二年一〇月にプラハでドイツ語を話すユダヤ人の家庭に生まれた（したがってこの文庫本化の時点では九〇歳）。なお、著者のファーストネームの発音について、旧版ではユダヤ人名としてヘブライ語読みのサウル（紀元前一一世紀のイスラエル王国初代国王の名）のフランス語読みを採ってサユルとしたが、アメリカに在住していること、Saul の u に分音記号《トレマ》（ドイツ語でのウムラウト記号）が付されていない（üではない）ことから、ソールとする。ファミリーネームについては、日本ではフリードランダーという読み方がなされているが、所属していたカリフォルニア大学ロサンジェレス校UCLAのホームページ上でウムラウト付きのäを用いていることからもフリードレンダーとした（なお、フルネームをドイツ語風にザウル・フリートレンダーと表記されることもある）。

ナチの迫害を逃れて一家はフランスに逃れ、ソールはフランス中部モンリュソンのカトリックの寄宿学校に預けられた。ソールをスイスに逃れさせようとした両親は、逆にヴィシー政権の対独協力《コラボラシオン》政策の下で逮捕され、アウシュヴィッツに送られた。そのことをソールが知ったのは一九四六年、一四歳の時のことだった。建国されたばかりのイスラエルに一九四八年に移住し、シオニスト（パレスティナの地をユダヤ人のホームランドとして、自分たちの国家を再建しようという運動の活動家）としての活動も行なった（ただし、パレスティナ人を放逐するやり方については批判的で、イスラエル社会の一部について「無意識的あるいは半ば意識的な人種差別主義者《レイシスト》」とする）。兵役終了後（イスラエル国籍を取得している）一九五三年にパリに戻り、政治研究学院に籍を置いた。『禁じられた遊び』（ルネ・クレマン監督、一九五二年作品）を五回以上観て、深い感銘・衝撃を受けたとのことである。その後、ジュネーヴの国際高等研究所（改編後、二〇〇八年から国際開発高等研究所 Institut de hautes études internationales et du développement: Graduate Institute of International and Development Studies。小規模な大学院大学）で、第二次大戦中の外交史に関する論文で博士号を取得し、一九八八年まで同機関で歴史学教授を務めた。一方で、テル・アヴィヴ大学の歴史学教授も務め、その間に関心を大戦中のユダヤ人問題にシフトさせていった。エルサレム・ヘブライ大学でも教鞭をとり、一九八八年からはテル・アヴィヴ大学教授になると同時に、カリフォルニア大学ロサアンジェレス校ＵＣＬＡの歴史学部教授を兼ねた（アメリカ国籍をも取得。現在は名誉教授）。

＊

フリードレンダーには本書以前に『ピウス一二世と第三帝国』（一九六四年）、『ヒトラーと合衆国』(一九六六年)、『ナチの反ユダヤ主義』(一九七一年)などナチ外交の下でのユダヤ人問題を扱う書物、『イスラエルの未来にかんする考察』(一九六九年)、共著『アラブ人とイスラエル人。初めての対話』(一九七四年)など、ソールにとっての「母国」となったイスラエルの問題を扱う書物、そして『歴史と心理分析』(一九七五年)、フランスでの幼少期を回想した『記憶が蘇るとき』(*Quand vient le souvenir*, Éd. du Seuil, 1978; *When Memory Comes*, New York, Farrar Straus & Giroux, 1979)を著してきた。以上、いずれも、本書と同じようにスイユ社からフランス語で初版が、その後イギリスあるいはアメリカで英語訳が出版されている。

一九八八年から活動の場の中心をアメリカに移したフリードレンダーは、一九九七年に一六年の歳月をかけた『ナチス・ドイツとユダヤ人。迫害の時期。一九三三〜一九三九年』(*L'Allemagne nazie et les Juifs*. Tome 1, *Les années de persécution, 1933–1939*, Paris, Éd. du Seuil, 1997; *Nazi Germany and the Jews*: Volume 1: *The Years of Persecution, 1933–1939*, Harper, 1997)を、そして二〇〇七年にはその続編『民族絶滅の時期。ナチス・ドイツとユダヤ人。一九三九〜一九四四年』(*The Years of Extermination: Nazi Germany and the Jews, 1939–1949*, Harper, 2007; *L'Allemagne nazie et les Juifs*. Tome 2, *Les années d'extermination, 1939–1945*, Paris, éd. du Seuil, 2008)という代表作を発表し

た。二〇〇八年には後者に対してピュリツァー賞（一般ノンフィクション部門）が授与されている。なおその翌年には、上記二巻本の縮約版 *Nazi Germany and the Jews, 1933–1945*, Harper Perennial, 2009が出版されている。二〇一四年にはピエール・ノラ他一名と共にダン・デヴィッド賞（リヒテンシュタインに本部を置くダン・デヴィッドDan David財団による賞で、イスラエルのテル・アヴィヴ大学が選考）を、二〇二一年にはバルザン賞を受賞している。また、先の自伝の続篇『記憶が導く場所。わが人生』（*Où mène le souvenir. Ma vie*, Éd. du Seuil, 2016; *Where Memory Leads. My Life*, New York, Other Press, 2016のほか、カフカ、プルーストに関するエセーも出版している。

＊

言うまでもなく、ナチズム（～ファシズム）という現象とユダヤ人絶滅・ホロコースト（holocaust。古代ユダヤ教において、動物を丸焼きにして神に捧げる燔祭《はんさい》を意味。ヘブライ語では、絶滅を意味するショアーshoah）という事実は、歴史学・政治史学の重要なテーマとなり、多くの歴史学者・政治史学者がその実態、その原因、その特性を分析し、叙述してきた。近・現代世界史の中の大きな基準点・参照点のひとつなのである。ただし、このテーマにかんする歴史記述も、時代背景・政治情勢と関連しながら変化を遂げてきた。ここでは両大戦間期のコミンテルンなど「マルクス主義」からするファシズム論（「社会ファシズム論」など）について、また、第二次大戦後の冷戦体制の成立とともに一世を風靡した「自由主義史学」からする「全体主義論」についても触れることはしない。以下主に、村瀬興雄、芝健介、佐藤健生、小野寺拓也、飯田収治、柳原伸洋氏らの日本のナチズム研究者の論考に拠りながら、ナチズム、とりわけホロコーストに関する歴史記述の変遷の中での本書の著者フリードレンダーの位置を示しておく。

敗戦国となり、分断されたドイツ。その中で「奇跡の経済復興」を遂げてゆくドイツ連邦共和国（西ドイツ）において、どのような国民的「アイデンティティ」を構築してゆくのか、その際、どのように「過去の克服」を行ない、ナチズムの「歴史」を解釈〜構成してゆくのか、が大きな課題となった。

他方、一九六一年にはエルサレムで「アイヒマン（ユダヤ人移送局長官で、アウシュヴィッツへのユダヤ人移送に関与）裁判」が、一九六三〜六五年にはミュンヘンで「アウシュヴィッツ裁判」が行なわれ、そして一九七八年制作のアメリカ・テレビ映画『ホロコースト——戦争と家族』が翌年一月に西ドイツでも放映された。戦後ドイツにおけるユダヤ人大虐殺の受け止め方が決定的に変わってゆくこととなる。

敗戦直後の時期のナチにかんする「沈黙の時代」を経て、一九六〇年代までは、基本的に全体主義論の枠内で、ヒトラーの意図・構想がナチ体制の、またその体制の下での反ユダヤ主義政策の根源に、「ユダヤ人問題」の「最終的解決 Endlösung」策としての民族絶滅（ホロコースト）の根源にあったとする「意図派 intentionalism」が支配的であった。そのひとりエバーハルト・イエッケル（邦訳書に『ヒトラーの世界観——支配の構想』滝田毅訳、南窓社、一九九一年）は別の書物の中で、ヒトラーのその構想を幼少期にまで遡らせようとする。ヒトラーを中心に据えた、ヒトラーの思想・イデオロギーの実現（～挫折）過程として捉える見方である。

これに対して、ヒトラーにホロコーストの基本計画があったわけではなく、ナチ体制の機能（function 作動）の中で、行政・官僚機構の状況への対応の中で「紆余曲折」を経てユダヤ人絶滅政策が形成されていった、とする解釈が登場した。マルティン・ブロシャートの論文「ヒトラーと《最終的解決》の発生」（一九八五年）などの「機能派 functionalism」（ないし「構造派」）である。ブロシャートによれば、独ソ戦の展開の中で、一九四一年秋以降、アド・ホックな形で進行していたユダヤ人虐殺をヒトラーが承認し、東ヨーロッパからヨーロッパ全体に拡大することとなった。この機能論にあっては、相対的にイデオロギーの役割が軽視され、行政・官僚機構の合理性追求努力（と失敗と紆余曲折）に照明が当てられた。この「機能派」の時代は一九八〇年代までとされ、一九九〇年代に入ると、地方や下部の社会的な支持・協力という側面（強制とならぶ同意の側面）の側面に光が当てられ、さらに今世紀になってからはバランスを回復し、強制と同意、意図と機能（構造）双方のバランスを回復しようとする「総括段階《サンテーズ》」）に入ってきている、とされる。

こうした「意図派」と「機能派」との間の論争との関連では、フリードレンダーはかつて「穏健な意図派」と評され、また、「新しい機能派」とする研究者もいる。フリードレンダーは、ヒトラーが昔から（例えば『我が闘争』の頃から）ホロコースト構想を抱いていたとする見方は採っておらず、例えば二〇〇七年刊の前掲『民族絶滅の時期』では一九四一年以前にはユダヤ人絶滅の意図はなかった、としている。すでに「意図派」対「機能派」という対立図式は時代遅れの、不毛な図式となっているのであって、彼を折衷派〜総括・綜合派とでも呼ぶべきなのだろうか？

＊

一九八六年六月六日付『フランクフルター・アルゲマイネ』紙上でのエルンスト・

ノルテ論文「過ぎ去ろうとしない過去。われわれは過去について議論すべきか、それとも分断線を引くべきか?」(ユルゲン・ハーバーマス、ノルテ他著、徳永恂・清水多吉他訳『過ぎ去ろうとしない過去――ナチズムとドイツ歴史家論争』人文書院、一九九五年、所収)が、同年七月にハーバーマスの激しい批判を招き、いわゆる「歴史家論争」の発端となった。ノルテ(邦訳書にドイツ現代史研究会訳『ファシズムの時代――ヨーロッパ諸国のファシズム運動 1919-1945』上・下巻、福村出版、一九七二年)は、ナチスおよびヒトラーの「アジア的」蛮行、アウシュヴィッツと、ソ連におけるボルシェヴィキによる殺戮、「収容所列島」との比較可能性に言及した。ノルテは「ナチスという過去は絶対悪という否定的神話となり、重要な修正が妨害され」ているとも書いた。これに対してハーバーマスは、同年七月一一日付『ツァイト』紙に「一種の損害補償――ドイツにおける現代史記述の弁護論的傾向」と題する激しい批判を掲載した。ナチズム、そのホロコーストは特異《サンギュリエ》なものではないのであって、ソ連における「収容所列島」との比較可能性を説くノルテを、「歴史修正主義者」として血祭りにあげ、村八分としたのであるが、現時点ではどう評価されるのだろうか?

本書のオリジナル版が出版される少し前の一九八〇年に、西ドイツの政治は、社会民主党主導政権からキリスト教民主同盟中心の保守政権へと転換した。ヘルムート・

コール首相による西ドイツの国民的アイデンティティ確立努力の中で、敗戦四〇周年を迎えた一九八五年五月八日の西ドイツ大統領ヴァイツゼッカー（キリスト教民主同盟）による演説が評判を呼んだ。「歴史の中で戦いと暴力とにまき込まれるという罪――これと無縁だった国が、ほとんどないことは事実であります。しかしながら、ユダヤ人を人種としてことごとく抹殺する、というのは歴史に前例を見ません」、また「一民族全体に罪がある、もしくは無実である、というようなことはありません。罪といい無実といい、集団的ではなく個人的なものであります」と。あるいは日本でも膾炙された「過去に目を閉ざす者は結局のところ現在にも盲目となります」という句。しかしこの大統領演説には、コール首相がレーガン合衆国大統領とともに五月五日にビットブルク軍人墓地を、しかも同墓地にナチの武装親衛隊員の墓のあることを知った上で、それを理由とした反対運動を押し切って訪問・献花したことが大きな問題となった、という背景も存在した。翌一九八七年には総選挙を控えていた。

こうした政治状況の中で、ナチ時代という過去に対する沈黙から過去の直視、「過去の克服」への転換を引き起こした一九六八年の学生・市民運動の過程で誕生した「一九六八年世代」の左翼知識人が敏感な反応を示したのである。ナチの歴史についての認識に均衡《バランス》を回復させ（一方的な批判・否定の対象とするのでなく）、「転換」、「正常化」をもたらそうとするコール政権の「歴史政策」は「過去の克服」に逆行する、と捉えたのであった。

ベルリンの壁の崩壊、ドイツ統一を前に「歴史家論争」は鎮静化するが、その過程で本書の著者フリードレンダーは、ノルテの観点はナチズム、ホロコーストを相対化する、として批判的な立場をとった。しかもその立場は、ユダヤ人の世界的陰謀論や、「アメリカが在米日本人に対して行なったのと同じような」ユダヤ人強制収容所を正当化するような話を会食の場でノルテから聞かされていたフリードレンダーにとって感性レヴェルのものでもあったようである。ただしそのノルテ批判は、ハーバーマスと共同歩調を取っていたブロシャートに対しても向けられることとなる。すなわちブロシャートが、「国民社会主義の《歴史化 Historisierung》」を唱えたこと、ホロコーストをナチズムの中心に据えるアウシュヴィッツ中心主義がナチス期の歴史像を歪めているとすることに対して、フリードレンダーはブロシャートの言うナチズムの「歴史化」に反論した。民族絶滅の試みというホロコーストの特異性を弱めることとなるとの危惧を表明したのである。ブロシャートが亡くなる寸前まで、手紙による論争を続けた。彼らの手紙のやり取りは、*Reworking the Past: Hitler, The Holocaust, and the Historians' Debate*（ed. by Peter Baldwin), Beacon Press, 1990として公刊された。

前掲邦訳書『アウシュヴィッツと表象の限界』の中で、のちにフリードレンダーは「歴史家論争」について「より一般的には、ナチズム、すなわち「アウシュヴィッツ」の正しい歴史化（傍点は引用者＝田中）のしかたをめぐっての論争」（一五ページ）と書く。その際の「正しい」という形容の中に、フリードレンダーのスタンスが込められている。ブロシャートの言う《歴史化》によってユダヤ人絶滅という問題が後景に退くこととなる、というのであった。この論争を経て、フリードレンダーが発表したのが、前掲『ナチス・ドイツとユダヤ人。迫害の時期。一九三三～一九三九年』である。

フリードレンダーはその中でナチスの反ユダヤ主義を「贖罪的反ユダヤ主義 redemptive anti-semitism」と規定した。「贖罪的反ユダヤ主義は民族〔アーリア民族をさす――田中〕が退廃堕落することへの恐れと贖罪〔磔刑を受けたキリストがその犠牲の死によって、人類の罪を償い、救いをもたらしたという教義〕についての宗教的信仰から生まれた。……贖罪は、ユダヤ人からの解放として――ユダヤ人の追放、ことによると彼らの絶滅 annihilation――として到来する」と述べているのであるが、これは本書第三章の「ユダヤ人イメージの転換」での記述の展開と捉えることができよう。

フリードレンダーの所属するUCLAで一九九〇年四月に開催された研究集会での

報告がSaul Friedländer（ed.）, *Probing the limits of representation; Nazism and the "final solution"*, Cambridge, Mass., Harvard University Press, 1992として刊行された（収録された一九本の報告のうち六本とフリードレンダーの序論とが、前掲邦訳書『アウシュヴィッツと表象の限界』に収録されている）。その「訳者まえがき」（八ページ）の言葉を借りれば、「歴史叙述のありかた、ないしは表象一般の問題に関心」のある理論家たちが、「〈最終解決〉、すなわち、ナチスによるユダヤ人の皆殺し」という「限界に位置するできごと」に即した、「表象の限界を検証」する場として設定された。本書の読者は直ちに、本書におけるフリードレンダーの問題意識・論点との重なりを看て取ることができよう。

フリードレンダーはさらに二〇〇七年に、ホロコーストの全体史integrierte Geschichteの構築を提起したが、それは前掲『民族絶滅の時期』において描こうとしたもの、すなわち、迫害を受け、ホロコーストの対象となった（受動態＝客体）ユダヤ人共同体が、主体としてどのような日々を送ったのか、その日常史Alltagsgeschichteの再構築なのであった。

*

以上、フリードレンダーのホロコースト把握の展開を追ってきたが、過ぎ去った過去のもの、「ドイツ特有」のもの、政治・社会・経済的な把握しうるものとすることなく、あの、筆舌に尽くしがたい（ブロシャートとの論争の中で「ナチズムについて書くことは、一六世紀フランスについて書くのと同じではない」と述べていた）現象をどのように理解すべきなのか、ナチズムの「照り返し」から逆照射しつつ、ナチズム自体の魅惑力の根源を「死とキッチュ」に求めたのが本書であり、その後の彼のホロコースト研究の大作につながる視点が示されている。

社会思想社からの旧版での「あとがき」は、浅学菲才を顧みずして記した生硬なものではあるが、その中の次の一節だけは再録をお許しねがいたい。「……ここで本書の論点を要約するだけのスペースはないが、六〇年代末以降、文学作品、映画そして歴史書に見受けられる、ナチズムについての新たなディスクール（言説）の分析を通じ、逆照射する形でナチズム自体が当時のドイツ人を魅惑した力を分析する手法には新鮮なものが感じられる。思想史、政治史、経済史だけでは解明できないナチズムの影響力を綜合的な視点から把握することの必要性を説く本書は、「キッチュと死」の魅惑力を重視する点で一種の「心性《マンタリテ》史」と見ることもできよう。ユダヤ人でありながら、そのユダヤ人性にもとづく価値判断を先行させることはない。とはいえ、やはりユダヤ人として、ナチズムの残虐行為の犠牲者として、ナチズムの魅惑力が何であったかを見究めようとするとき、その行論には一種の迫力が感じられる。著者は、ナチズムの美学が「キッチュと死」をエネルギーとしていることを看て取り、同じように「キッチュと死」の美学をエネルギーとする新たなディスクールがナチズム型の運動にエネルギーを供給することを恐れている。あの忌まわしい、人類の文明にとっての汚点をなす歴史の再現を恐れているのである」。

＊

最後に、《ちくま学芸文庫》への収録に当たり、表象文化論からの一文を寄せてくださった東京大学大学院総合文化研究科の竹峰義和氏に感謝の意を表しておく。また、文庫化を、そして竹峰氏の評論とのカップリングを提案してくださった筑摩書房編集局の天野裕子氏にも改めて感謝する次第である。

二〇二二年一一月

田中　正人

文庫版解説　キッチュと死の弁証法
――ソール・フリードレンダー『ナチズムの美学』の射程

竹峰義和

　ナチズムの美学――この言葉からまず連想されるのは、レーニ・リーフェンシュタールの記録映画『意志の勝利』（一九三四年）に映されたナチスの党大会の光景だろう。神のように君臨する指導者ヒトラーをまえに、群衆が歓呼の声を上げ、何十万人もの党員たちが一糸乱れぬ幾何学的な動きを繰り広げるメガロマニアックな国民祭祀。そこで個々人は巨大な抽象模様の構成要素へと還元され、異質な要素は「劣等」や「頽廃」の名のもとにあらかじめ徹底的に排除・抹殺される。この全体主義的な世俗儀式は、まさにヴァルター・ベンヤミンがいうところの「政治の美学化」として、〈純粋な民族共同体〉というイデオロギー的な理念を視覚的に表象するとともに、政治を一種の芸術作品へと昇華することを目指していると言えるだろう(1)。

　それにたいして、本書において示されるのは、そのような一般的なイメージを根底から転覆するような、まったく新たな視座である。すなわち、キッチュと死という二つの契機こそが、ナチズムの美学を理解するうえで決定的に重要だというのだ。もっとも、ナチズムが死という契機と強い親和性をもつことについては、本書でもたびたび言及されるスーザン・ソンタグのエッセイ「ファシズムの魅力」（一九七四年）[2]をはじめ、さまざまなテクストにおいてすでに指摘されてきた。実際、『ヒトラー青年』や『ハンス・ヴェストマー』（ともに一九三三年）をはじめとするナチスのプロパガンダ劇映画は、英雄としての主人公の死を審美化しているという点で、〈死の美学〉と呼ぶべきものによって色濃く染められている。

一方、ナチズムとキッチュという組み合わせは、少なくとも第三帝国のイデオロギーに共鳴していた当時の人々にとっては、けっして容認できなかったであろうものに違いない。というのも、ナチ時代には、真の民族文化と対置された通俗的な大衆文化を「キッチュ」として激しく批判するような言説が溢れていたからである。だが、リーフェンシュタールの『意志の勝利』の冒頭に置かれたシーンを思い出そう。飛行機で地上に降り立ったヒトラーが、歓喜の表情を浮かべた女性や子どもたちによって熱烈に歓迎されながらニュルンベルクの街を車でパレードしたあと、「ハイル・ヒトラー」の電球文字によって飾られた滞在先のホテルの窓から、歓声を上げる群衆に向かって微笑みながら勢いよく手を挙げて応える。このシーンは、ヒトラーを親密で愛すべき存在として表象することを明らかに目指したものだが、それと同時に小市民的でキッチュだという印象を否応なく与える。

ただし、本書の第一章において繰り返し強調されるのは、ナチズムの美学を構成するキッチュと死という二つのモティーフが、たがいに密接かつ不可分に関係しているという点である。調和・融合・共感といったキッチュにまつわる主題系と、崇高・破壊・恐怖といった死にまつわる主題系とは、一見したところ完全に矛盾するように見える。しかしながらフリードレンダーによれば、この二つの異なる契機を結びつけ、「完全な綜合《サンテーズ》」(本書四七～四八頁)へともたらしているところにナチズムの本質的特徴がある。それはたとえば、運命の導きによって犠牲死を遂げる若き純粋な英雄というロマン主義的な形象と、それによって喚起されるセンチメンタルな情動によって典型的に示される。そのさい、キッチュと死との並置を可能にしているのがアルカイックな疑似宗教性であって、無時間的な神話世界のイメージと、失われた始原世界へのノスタルジーのなかで、死は徹底的に様式化され、平板なキッチュとして美的に享楽しうるものとなる。

さらに、ナチズムにおけるキッチュと死との弁証法的な関係を論証するにあたって、フリードレンダーはきわめて独特なアプローチをとる。すなわち、ヒトラーのお気に入りの建築家だったアルベルト・シュペーアの回想録や、ヨアヒム・フェストの歴史研究などの文献も確かに参照されてはいるとはいえ、それ以上に重要な典拠とされるのが、ルキノ・ヴィスコンティの『地獄に堕ちた勇者ども』（一九六九年）、ハンス＝ユルゲン・ジーバーベルクの『ヒトラー、あるいはドイツ映画』（一九七七年）、ライナー・ヴェルナー・ファスビンダーの『リリー・マルレーン』（一九八一年）といった映画や、ミシェル・トゥルニエの『魔王』（一九七〇年）やジョージ・スタイナーの『ヒトラーの弁明――サンクリストバルへのA・Hの移送』（一九八一年）などの小説によっておこなわれる過去の再解釈にほかならないのである。歴史史料や学術研究よりも、第三帝国の崩壊から数十年あとに成立した「ナチズムにかかわる新たなディスクール」（本書二〇頁）が重視されるのは、ナチズムの魅力を理解するためには、「誰かが語ろうと望んだことによってよりもむしろ、その人たちの与り知らぬところで、彼らの意に反して語られたこと」（本書二〇頁。強調原文）に注目すべきだからである。なぜなら、人々がナチズムに魅了されたのは、政治的イデオロギーのためというよりも、むしろその理由は「幻想やイメージや情動」の次元で作用する心理的・美学的要因に求められなくてはならないからである。ここでの著者は、ナチズムの魅力を分析するにあたって、無意識のうちに秘め隠された欲望や衝動を夢のイメージの読解をつうじて明らかにしようとする精神分析家のような姿勢で臨んでいる。ジーバーベルクやファスビンダーの映像のうちには、かつて人々を魅了した幻想としてのナチズムの本質が、記憶と想像力によって凝縮されたかたちで事後的に再構成されているのである。

キッチュと死という矛盾する契機の並存という特徴は、ヒトラー自身のイメージのうちにも認められる。第二章は「二つのヒトラー像」の解明に捧げられているが、そこでは、同時代人のみならず、後世の人々をも魅了しつづけているヒトラーのイメージの二極性が主題となっている。ヒトラーをめぐる言説は、一方で、総統の個人的性格や日常生活に執着する。お好みの菓子や映画、趣味の悪い靴下、建築にたいする子供のような情熱……。そのような微笑ましいエピソードの数々は、いずれも「ブルジョワ的キッチュ」に染められているが、そこでヒトラーは、「ありふれた人間」の一人として表象されることで親密感を漂わせ、同情や共感によって人々を惹きつける。しかしながら、ヒトラーのイメージにおいて真に特徴的なのは、そこに同時に「虚無がたち現われている」（本書八六頁）という点である。想像を絶する犯罪を遂行し、戦争によって絶対的な破壊をもたらし、あらゆる被造物を無へと帰せしめる、盲目的かつ超人的な力。ナチス・ドイツにおいて大衆がヒトラーに浴びせた熱狂的な歓声とは、本書で引用されているエルンスト・ユンガーの表現を借りれば、「自分自身が無となる展望」を歓迎することであり、「純然たるニヒリズムの祝祭」にほかならないのだ（本書九二頁。強調原文）。このような認識は、「複製技術時代の芸術作品」（一九三五～三六年）の末尾にベンヤミンが記した、ファシズムによる帝国主義戦争において「人類が自分自身の全滅を第一級の美的享楽として体験する」(3)という、「政治の美学化」をめぐる有名な一文と完全に呼応していると言えるだろう。

このように、ヒトラーのイメージはキッチュとニヒリズムという二つの極に分裂しているわけだが、フリードレンダーの主張によれば、ヒトラーの魅力の真の源泉は、ともに人々を強く魅了するこの二つの要素が混然一体となっている点にこそ求められなくてはならない。ヒトラーとはすなわち、調和と破壊、日常性と全能性、抑圧と解放という矛盾するものを同時に付与する権力を体現しているのであり、その魅力は、因果的・合理的な領域を超えた次元において、異なる欲動をひとつに収斂させていることに基づいているのだ。

さらに著者は、ヒトラーやその権力に向けられた欲望のうちに、エロティックな要素がしばしばみられることを指摘する。例として挙げられているように、『地獄に堕ちた勇者ども』やリリアーナ・カヴァーニの『愛の嵐』(一九七四年)、あるいはトゥルニエの『魔王』では、ナチズムの魅力が性的倒錯と結びつけられている。ナチズムとエロティシズムとの独特の親和性については、ソンタグの「ファシズムの魅力」の後半部でも、親衛隊の制服にたいするフェティシズムや、ナチズムを題材としたポルノ映画などを例にすでに考察されていた。そのさいにソンタグは、ファシズムのエロス化という現象を、エーリヒ・フロムやヴィルヘルム・ライヒに由来する「サド゠マゾヒズム」という心理学の概念をもちいて説明していたが、それにたいして本書は、ナチズムがエロス化されるという事態はあくまで二次的な現象であって、キッチュとニヒリズムとの混交に基づくナチズムの魅力の「特殊なヴァリアント」(本書九六頁)にすぎないという立場をとる。ただし、「死のキッチュ」としてのナチズムのエロス化という現象がなぜ広範に生じるかという問題にたいする明確な答えは提示されておらず、さらなる省察の余地が残されている。

本書では、ナチズムを主題にしたさまざまな映画が取り上げられているが、なかでも特権的な位置を占めるのが、ジーバーベルクの『ヒトラー、あるいはドイツ映画』にほかならない。この七時間近くに及ぶ大作は、ヒトラーの生涯やナチスの暴力支配をリアリズム的に再現しようとしたものではまったくなく、視覚と音声による夥しい数の引用や、異化・誇張・モンタージュなどの技法を駆使した異種混交的なスタイルをつうじて、ナチズムの没落をめぐる悪夢的なスペクタクルを繰り広げる。登場人物のうちには、ヒトラーやゲッベルス、ヒムラーといったナチスの幹部のみならず、ルートヴィヒ二世やヴァーグナーも含まれているが、人形や素人俳優によって演じられる彼らは、いずれもカリカチュア的な過去の亡霊にほかならない。すべてが過剰なまでに類型化されたこのチープにしてグロテスクな寓意劇は、まさにキッチュと黙示録的な象徴性とを一体化していると言えよう。そして著者は、この作品を、ナチズムという過去を正面から見据え、その魅力を冷徹に認識することによって克服することを可能にする「悪魔祓い」の成功例として評価する。フレドリック・ジェイムソンや田中純も指摘するように、ここでジーバーベルクがおこなっているのはまさに、ナチズムという過去の記憶にたいする「徹底操作」[4]であって、ナチズムの本質をなす死とキッチュという二つの契機を極限にまで推し進め、映画というメディアをつうじてその魅力を大々的に再現することで、解放的な自己認識をもたらしているというのだ。

だが、第三章で指摘されるように、同じ「悪魔祓い」でも、意図的か否かはともかくとして、ナチズムを無毒化したり、耐えがたい過去を隠蔽したりするような試みも、これまで数多くなされてきた。ホロコーストは存在しなかったという歴史修正主義。事実関係を再構成することにのみ専心する学術研究。文学における類型的なナチズム描写。ヒトラーを説明するにあたって持ち出される狂気や運命といった観念。「勝利したユダヤ人」や「イスラエルに貢献したヒトラー」といったトポス……。すでにナチス時代においても、ユダヤ人の大量虐殺を「最終解決」という隠語で呼んだり、「義務」という道徳律によって正当化したりといった事例が見られたが、ナチズムにまつわるおぞましい真理から目を背けることで人間としての責任を免れようとする防衛機制は、現在に至るまでなおも働きつづけているのである。

ナチズムという過去を扱うことに失敗しているという点では、ホロコーストが生じた原因を学術的に説明しようとした歴史学的解釈も変わらない。第四章でフリードレンダーが断じるように、さまざまなファシズム運動に共通する特徴を析出しようとするのであれ、ユダヤ人絶滅政策を経済的要因に由来するものと見なすのであれ、ヒトラーがもたらした破局のうちに歴史的な宿命を読み取るのであれ、いずれの解釈も、粗雑な図式を対象に一面的に適用することに終始しており、ナチズムという特異かつ複雑な現象を総合的に把握することに失敗している。とりわけ見落とされているのは、ナチズムを構成する二つの欲求、すなわち既存の権力体制への服従への欲求と、あらゆるものを破滅させようとする欲求との共存という事態にほかならず、だからこそ、映画や小説といったナチズムの二元性を再構成しようとする「新たなディスクール」の試みが、ヒトラーの魅力のメカニズムを理解するうえできわめて有益となるのだ。

本書の原著が刊行されたのは一九八二年であり、それから現在に至るまでのあいだ、ナチズム研究はさまざまな展開や深化を遂げた。そこにはナチズムの美学やヒトラーの魅力といった問題を扱った複数の日本語の研究も含まれているが、いずれも本書から少なからぬ影響を受けている。たとえば、田野大輔『魅惑する帝国——政治の美学化とナチズム』(名古屋大学出版会、二〇〇七年)は、ナチズムの「魅惑」のメカニズムを実証的に解明することを目指した優れた研究書だが、そこではファシズムによる「政治の美学化」とキッチュとの密接な結びつきに焦点を当てたうえで、キッチュによる美的抵抗の可能性について論じられている。また、田中純『政治の美学——権力と表象』(東京大学出版会、二〇〇八年)は、本書の議論を出発点として、ジーバーベルクのヒトラー映画を「死のキッチュ」という観点から精緻に分析している。あるいは、渋谷哲也・夏目深雪編『ナチス映画論――ヒトラー・キッチュ・現代』(森話社、二〇一九年)に収録された各論考でも、ナチズムやヒトラーを題材とした映画を考察するにあたって、まさにその副題が示すように、キッチュが鍵概念のひとつとなっている。

このように、ナチズム研究において古典としての位置を占めている本書だが、現在の視点からその議論を読み返すならば、いくつかの疑問点が浮かぶことも確かである。たとえば本書では、キッチュと死、あるいは親密さと虚無との並存という特徴が、ナチズムやヒトラーにのみ顕著に認められるものであり、他のファシスト体制や独裁者には見られないと述べられている。だが、支配体制のために殉じた人々を「英霊」として顕彰し、記念碑や追悼施設、政治的祭祀をつうじて崇拝することは、靖国神社の例を挙げるまでもなく、数多くの国民国家において確認できる。さらに、そのさいに国家による死者崇拝がキッチュ化し、感傷的な愛国美談や類型化されたアイコンへと変質するという現象も、広汎に見られるように思われる。(5) くわえて本書では、チャーチル、スターリン、ローズヴェルト、ヒトラーの四人の政治指導者のうち、「小ブルジョワ的なごくありふれた人間というあのイメージ[……]を利用した者は、ヒトラーを除いて誰もいない」(本書八四～八五頁)と断言されているが、ファシズム指導者が民衆にたいする親密さを自己演出するという傾向は、ヒトラーのみに見られるものではない。

さらに、ジーバーベルクの映画に象徴される「新しいディスクール」が、ナチズムの魅力を再構成することによって「過去の決定的排除」(本書一一二頁)をおこなっているという著者の主張についても、改めて検証する必要がある。というのも、一九九〇年代にジーバーベルク自身が、ドイツ・ナショナリズムに傾倒するとともに、反ユダヤ主義的な発言を繰り返すようになったからである。[6] それはあたかも、永遠に祓い除けるために召喚したはずの過去の悪魔の呪縛に、召喚した本人が絡めとられてしまったかのようだ。ジーバーベルクは、毒をもって毒を制するかのように、キッチュとしてのナチズムにたいしてキッチュでもって対抗しようとしたわけだが、そのような戦略によって過去の徹底操作がつねに導かれる保証はないのではないか。さらに、同じ問いは、『ヒトラー――最期の12日間』(二〇〇四年)、『わが教え子、ヒトラー』(二〇〇七年)、『帰ってきたヒトラー』(二〇一五年)のように、ヒトラーを主題とした近年の商業映画の数々にも向けられなければならない。そこで総統は、多少の程度の違いはあれ、人間としての親しみや共感を喚起する存在として描かれているが、こうした二一世紀の「新たなディスクール」の数々が、はたしてナチズムの克服に寄与するのか、それともナチズムの無毒化やそのキッチュな魅力の再活性化を促しているのか——この問題については、本書を出発点として、われわれ一人ひとりが改めて熟考していく必要があるだろう。

（たけみね・よしかず　ドイツ思想／表象文化論）

解説注

（1）ドイツ民族を一個の「芸術作品」として創出する試みとしてナチズムを解釈したものとして、フィリップ・ラクー゠ラバルト／ジャン゠リュック・ナンシー『ナチ神話』守中高明訳、松籟社、二〇〇二年、五九〜六〇頁を参照。
（2）スーザン・ソンタグ「ファシズムの魅力」、『土星の徴しの下に』富山太佳夫訳、晶文社、一九八二年八七〜一二二頁。
（3）ヴァルター・ベンヤミン「複製技術時代の芸術作品」久保哲司訳、『ベンヤミン・コレクション1　近代の意味』浅井健二郎編訳、ちくま学芸文庫、一九九五年、六二九頁。
（4）フレドリック・ジェイムソン「「破壊的要素に没入せよ」——ハンス゠ユルゲン・ジーバーベルクと文化革命」末廣幹訳、『目に見えるものの署名——ジェイムソン映画論』椎名美智ほか訳、法政大学出版局、二〇一五年、一〇八〜一一五頁。田中純『政治の美

学』東京大学出版会、二〇〇八年、二七～二八頁。
（５）英霊祭祀の陳腐化については、ジョージ・L・モッセ『英霊――世界大戦の記憶の再構築』宮武実知子訳、ちくま学芸文庫、二〇二二年、一九七～二三五頁を参照。
（６）この点については、田中純『政治の美学』四七～四九頁を参照。

本書は一九九〇年五月、社会思想社から刊行された。

近代ヨーロッパ史　福井憲彦

ヨーロッパの近代は、その後の世界を決定づけた。現代をさまざまな面で規定しているヨーロッパ近代の歴史と意味を、平明かつ総合的に考える。

イタリア・ルネサンスの文化（上）　ヤーコプ・ブルクハルト　新井靖一訳

中央集権化がすすみ緻密に構成されていく国家あってこそ、イタリア・ルネサンスは可能となった。ブルクハルト若き日の着想に発した畢生の大著。

イタリア・ルネサンスの文化（下）　ヤーコプ・ブルクハルト　新井靖一訳

緊張の続く国家間情勢の下にあって、類稀な文化と個性的な人物達は生みだされた。近代的な社会に向かう時代の、人間の生活文化様式を描ききる。

増補　普通の人びと　クリストファー・R・ブラウニング　谷喬夫訳

ごく平凡な市民が無抵抗なユダヤ人を並べ立たせ、ひたすら銃殺する——なぜ彼らは八万人もの大虐殺に荷担したのか。その実態と心理に迫る戦慄の書。

叙任権闘争　オーギュスタン・フリシュ　野口洋二訳

十一世紀から十二世紀にかけ、西欧では聖職者の任命をめぐり教俗両権の間に巨大な争いが起きた。この出来事を広い視野から捉えた中世史の基本文献。

大航海時代　ボイス・ペンローズ　荒尾克己訳

人類がはじめて世界の全体像を識っていく大航海時代。その二百年の膨大な史料を、一般読者むけに俯瞰図としてまとめ上げた決定版通史。（伊高浩昭）

衣服のアルケオロジー　フィリップ・ペロー　大矢タカヤス訳

下着から外套、帽子から靴まで。19世紀ブルジョワジーを中心に、あらゆる衣類が記号として機能してきた実態を、体系的に描くモードの歴史社会学。

20世紀の歴史（上）　エリック・ホブズボーム　大井由紀訳

第一次世界大戦の勃発が20世紀の始まりとなった。この「短い世紀」の諸相を英国を代表する歴史家が渾身の力で描く。全二巻、文庫オリジナル新訳。

20世紀の歴史（下）　エリック・ホブズボーム　大井由紀訳

一九七〇年代を過ぎ、世界に再び危機が訪れる。不確実性がいやますなか、ソ連崩壊が20世紀の終焉を印した。歴史家の考察は我々に何を伝えるのか。

アラブが見た十字軍
アミン・マアルーフ
牟田口義郎／新川雅子訳

十字軍とはアラブにとって何だったのか？ 豊富な史料を渉猟し、激動の12、13世紀をあざやかに、しかも手際よくまとめた反十字軍史。

バクトリア王国の興亡
前田耕作

ゾロアスター教が生まれ、のちにヘレニズムが開花したバクトリア。様々な民族・宗教が交わるこの地に栄えた王国の歴史を描く唯一無二の概説書。

ディスコルシ
ニッコロ・マキァヴェッリ
永井三明訳

ローマ帝国はなぜあれほどまでに繁栄しえたのか。その鍵は〝ヴィルトゥ〟。パワー・ポリティクスの教祖が、したたかに歴史を解読する。

戦争の技術
ニッコロ・マキァヴェッリ
服部文彦訳

出版されるや否や各国語に翻訳された最強にして安全な軍隊の作り方。この理念により創設された新生フィレンツェ軍は一五〇九年、ピサを奪回する。

マクニール世界史講義
ウィリアム・H・マクニール
北川知子訳

ベストセラー『世界史』の著者が人類の歴史を読み解くための三つの視点を易しく語る白熱の入門講義。本物の歴史感覚を学べます。文庫オリジナル。

古代ローマ旅行ガイド
フィリップ・マティザック
安原和見訳

タイムスリップして古代ローマを訪れるなら？ そんな想定で作られた前代未聞のトラベル・ガイド。必見の名所・娯楽ほか情報満載。カラー頁多数。

古代アテネ旅行ガイド
フィリップ・マティザック
安原和見訳

古代ギリシャに旅行できるなら何を観て何を食べる？ そうだソクラテスにも会ってみよう！ 神殿等の名所・娯楽ほか現地情報満載。カラー図版多数。

古代ローマ帝国軍 非公式マニュアル
フィリップ・マティザック
安原和見訳

帝国は諸君を必要としている！ ローマ軍兵士として必要な武器、戦闘訓練、敵の攻略法等々、超実践的な詳細ガイド。血沸き肉躍るカラー図版多数。

世界市場の形成
松井透

世界システム論のウォーラーステイン、グローバルヒストリーのポメランツに先んじて、各世界が接続される過程を描いた歴史的名著を文庫化。（秋田茂）

甘さと権力
シドニー・W・ミンツ
川北稔／和田光弘訳
砂糖は産業革命の原動力となり、その甘さは人々のアイデンティティや社会構造をも変えていった。モノから見る世界史の名著をついに文庫化。（川北稔）

スパイス戦争
ジャイルズ・ミルトン
松浦伶訳
大航海時代のインドネシア、バンダ諸島。欧州では黄金より高価な香辛料ナツメグを巡り、英・蘭の男たちが血みどろの戦いを繰り広げる。（松園伸）

オリンピア
村川堅太郎
古代ギリシア世界最大の競技祭とはいかなるものであったのか。遺跡の概要から競技精神の盛衰まで、綿密な考証と卓抜な筆致で迫った名著。（橋場弦）

アレクサンドロスとオリュンピアス
森谷公俊
彼女は怪しい密儀に没頭し、残忍に邪魔者を殺す悪女なのか、息子を陰で支え続けた賢母なのか。大王母の激動の生涯を追う。（澤田典子）

古代地中海世界の歴史
本村凌二
中村るい
メソポタミア、エジプト、ギリシア、ローマ――古代に花開き、密接な交流や抗争をくり広げた文明を一望に見渡し、歴史の躍動を大きくつかむ！

大衆の国民化
ジョージ・L・モッセ
佐藤卓己／佐藤八寿子訳
ナチズムを国民主義の極致ととらえ、フランス革命以降の国民主義の展開を大衆的儀礼やシンボルから考察した、ファシズム研究の橋頭堡。（板橋拓己）

英霊
ジョージ・L・モッセ
宮武実知子訳
第一次大戦の大量死を人々はいかに超克したか。仲間意識・男らしさの称揚、英霊祭祀等が「戦争体験の神話」を構築する様を緻密に描く。（今井宏昌）

ヴァンデ戦争
森山軍治郎
仏革命政府へのヴァンデ地方の民衆蜂起は、大量殺戮をもって弾圧された。彼らは何を目的に行動したか。凄惨な内戦の実態を克明に描く。（福井憲彦）

増補 十字軍の思想
山内進
欧米社会にいまなお色濃く影を落とす「十字軍」の思想。人々を聖なる戦争へと駆り立てるものとは？その歴史を辿り、キリスト教世界の深層に迫る。

シェーンベルク音楽論選　アーノルト・シェーンベルク　上田昭訳

十二音技法を通して無調音楽へ——現代音楽への扉を開いた作曲家・理論家が、自らの技法・信念・つきあげる表現衝動に向きあう。（岡田暁生）

魔術的リアリズム　種村季弘

一九二〇年代ドイツに突然現れ、妖しい輝きを遺して消え去った「幻の芸術」の軌跡から、時代の肖像を鮮やかに浮かび上がらせる。（今泉文子）

20世紀美術　高階秀爾

混乱した二〇世紀の美術を鳥瞰し、近代以降、現代すなわち同時代の感覚が生み出した芸術が、われわれにとって持つ意味を探る。増補版、図版多数。

世紀末芸術　高階秀爾

伝統芸術から現代芸術へ。19世紀末の芸術運動には既に抽象芸術や幻想世界の探求が萌芽していた。新時代への美の冒険を捉える。（鶴岡真弓）

鏡と皮膚　谷川渥

「神話」という西洋美術のモチーフをめぐり、芸術の認識論的隠喩として二つの表層を論じる新しい身体論・美学。鷲田清一氏との対談収録。

肉体の迷宮　谷川渥

あらゆる芸術表現を横断しながら、捩れ、歪み、時には傷つき、さらけ出される身体と格闘した美術作品を論じる著者渾身の肉体表象論。（安藤礼二）

武満徹エッセイ選　小沼純一編

稀代の作曲家が遺した珠玉の言葉。作曲秘話、評論、文化論など幅広いジャンルを網羅したオリジナル編集。武満の創造の深遠を窺える一冊。

高橋悠治　対談選　高橋悠治　小沼純一編

現代音楽の世界的ピアニストである高橋悠治。その演奏のような研ぎ澄まされた言葉と、しなやかな姿が味わえる一冊。学芸文庫オリジナル編集。

オペラの終焉　岡田暁生

芸術か娯楽か、前衛か古典か——。この亀裂を鮮やかに乗り越えて、オペラ黄金時代の最後を飾った作曲家が、のちの音楽世界にもたらしたものとは。

真珠湾収容所の捕虜たち
オーテス・ケーリ

流暢な日本語を駆使する著者の「人間主義」は、「戦陣訓」の日本兵をどう変えたか。戦前・戦後の日本および日本人の、もうひとつの真実。（前澤猛）

クワイ河収容所
アーネスト・ゴードン
斎藤和明訳

「戦場に架ける橋」の舞台となったタイ・クワイ河流域の日本軍俘虜収容所での苛酷な経験を綴った、イギリス将校による戦争ノンフィクション。

虜人日記
小松真一

一人の軍属が豊富な絵とともに克明に記したジャングルでの逃亡生活と収容所での捕虜体験。戦争の真実、人間の本性とは何なのか。（山本七平）

八月の砲声（上）
バーバラ・W・タックマン
山室まりや訳

一九一四年、ある暗殺が欧州に戦火を呼びこむ。情報の混乱、指導者たちの誤算と過信は予期せぬ世界大戦を惹起した。'63年ピュリッツァー賞受賞の名著。

八月の砲声（下）
バーバラ・W・タックマン
山室まりや訳

なぜ世界は戦争の泥沼に沈んだのか。政治と外交と軍事で何がどう決定され、また決定されなかったのかを克明に描く異色の戦争ノンフィクション。

最初の礼砲
バーバラ・W・タックマン
大社淑子訳

独立戦争は18世紀の世界戦争であった。豊富な挿話を積み上げながら、そのドラマと真実を見事な語り口で描いたピュリッツァー賞受賞作家の遺著。

米陸軍日本語学校
ハーバート・パッシン
加瀬英明訳

第二次大戦中、アメリカは陸海軍で日本語の修得を目的とする学校を設立した。著者の回想によるその実態と、占領将校としての日本との出会いを描く。

アイデンティティが人を殺す
アミン・マアルーフ
小野正嗣訳

アイデンティティにはひとつの帰属だけでよいのか？　人を殺人にまで駆り立てる思考を作家は告発する。大反響を巻き起こしたエッセイ、遂に邦訳。

世界の混乱
アミン・マアルーフ
小野正嗣訳

二十一世紀は崩壊の徴候とともに始まった。国際関係、経済、環境の危機に対して、絶望するのではなく、緊急性をもって臨むことを説いた警世の書。

「思春期を考える」ことについて　中井久夫
表題作の他「教育と精神衛生」などに加えて、豊かな視野と優れた洞察を物語る「サラリーマン労働」や「病跡学と時代精神」などを収める。（滝川一廣）

「伝える」ことと「伝わる」こと　中井久夫
精神が解体の危機に瀕した時、それを食い止めるのが妄想である。解体か、分裂か。その時、精神はよりましな方として分裂を選ぶ。（江口重幸）

私の「本の世界」　中井久夫
精神医学関連書籍の解説、『みすず』等に掲載の年間読書アンケート等とともに、大きな影響を受けたヴァレリーに関する論考を収める。（松田浩則）

モーセと一神教　ジークムント・フロイト　渡辺哲夫訳
ファシズム台頭期、フロイトはユダヤ民族の文化基盤ユダヤ教に対峙する。自身の精神分析理論を揺るがしかねなかった最晩年の挑戦の書物。

悪について　エーリッヒ・フロム　渡会圭子訳
私たちはなぜ生を軽んじ、自由を放棄し、進んで悪に身をゆだねてしまうのか。人間の本性を克明に描き出した不朽の名著、待望の新訳。（出口剛司）

ラカン入門　向井雅明
複雑怪奇きわまりないラカン理論。だが、概念や理論の歴史的変遷を丹念にたどれば、その全貌を明快に理解できる。『ラカン対ラカン』増補改訂版。

引き裂かれた自己　R・D・レイン　天野衛訳
統合失調症とは、苛酷な現実から自己を守ろうとする決死の努力である。患者の世界に寄り添い、反精神医学の旗手となったレインの主著、改訳版。

素読のすすめ　安達忠夫
素読とは、古典を繰り返し音読すること。内容の理解は考えない。言葉の響きやリズムによって感性を耕し、学びの基礎となる行為を平明に解説する。

言葉をおぼえるしくみ　今井むつみ　針生悦子
認知心理学最新の研究を通し、こどもが言葉や概念を覚えていく仕組みを徹底的に解明。さらにその仕組みを応用した外国語学習法を提案する。

コミュニティ
ジグムント・バウマン
奥井智之訳
グローバル化し個別化する世界のなかで、コミュニティはいかなる様相を呈しているか。安全をとるか、自由をとるか。代表的社会学者が根源から問う。

近代とホロコースト〔完全版〕
ジグムント・バウマン
森田典正訳
近代文明はホロコーストの必要条件であった――。社会学の視点から、ホロコーストを現代社会の本質に深く根ざしたものとして捉えたバウマンの主著。

フーコー文学講義
ミシェル・フーコー
柵瀬宏平訳
シェイクスピア、サド、アルトー、レリス……。フーコーが文学と取り結んでいた複雑で、批判的で、戦略的な関係とは何か。未発表の記録、本邦初訳。

ウンコな議論
ハリー・G・フランクファート
山形浩生訳／解説
ごまかし、でまかせ、いいのがれ。なぜ世の中、こんなものがみちるのか。道徳哲学の泰斗がその正体とカラクリを解く。爆笑必至の訳者解説を付す。

21世紀を生きるための社会学の教科書
ケン・プラマー
赤川学監訳
パンデミック、経済格差、気候変動など現代世界が直面する諸課題を視野に収めつつ社会学の新しい知見を解説。社会学の可能性を論じた最良の入門書。

世界リスク社会論
ウルリッヒ・ベック
島村賢一訳
迫りくるリスクは我々から何を奪い、何をもたらすのか。『危険社会』の著者が、近代社会の根本原理をくつがえすリスクの本質と可能性に迫る。

民主主義の革命
エルネスト・ラクラウ／シャンタル・ムフ
西永亮／千葉眞訳
グラムシ、デリダらの思想を摂取し、根源的で複数的なデモクラシーへ向けて、新たなヘゲモニー概念を提示した、ポスト・マルクス主義の代表作。

鏡の背面
コンラート・ローレンツ
谷口茂訳
人間の認識システムはどのように進化してきたのか、そしてその特徴とは。ノーベル賞受賞の動物行動学者が試みた抱括的知識による壮大な総合人間哲学。

人間の条件
ハンナ・アレント
志水速雄訳
人間の活動的生活を《労働》《仕事》《活動》の三側面から考察し、《労働》優位の近代世界を思想史的に批判したアレントの主著。（阿部齊）

革命について
ハンナ・アレント
志水速雄訳
《自由の創設》をキイ概念としてアメリカとヨーロッパの二つの革命を比較・考察し、その最良の精神を二〇世紀の惨状から救い出す。（川崎修）

暗い時代の人々
ハンナ・アレント
阿部齊訳
自由が著しく損なわれた時代を自らの意思に従い行動し、生きた人々。政治・芸術・哲学への鋭い示唆を含み描かれる普遍的人間論。（村井洋）

責任と判断
ハンナ・アレント
ジェローム・コーン編
中山元訳
思想家ハンナ・アレント後期の未刊行論文集。人間の責任の意味と判断の能力を考察し、考える能力の喪失により生まれる〈凡庸な悪〉を明らかにする。

政治の約束
ハンナ・アレント
ジェローム・コーン編
高橋勇夫訳
われわれにとって「自由」とは何であるのか――。政治思想の起源から到達点までを描き、政治的経験の意味に根底から迫った、アレント思想の精髄。

プリズメン
Th・W・アドルノ
渡辺祐邦／三原弟平訳
「アウシュヴィッツ以後、詩を書くことは野蛮である」。果てしなく進行する大衆の従順化と、絶対的物象化の時代における文化批判のあり方を問う。

スタンツェ
ジョルジョ・アガンベン
岡田温司訳
西洋文化の豊饒なイメージの宝庫を自在に横切り、愛・言葉そして喪失の想像力が表象に与えた役割をたどる。21世紀を牽引する哲学者の博覧強記。

事物のしるし
ジョルジョ・アガンベン
岡田温司／岡本源太訳
パラダイム・しるし・哲学的考古学の鍵概念のもと、「しるし」の起源や特権的領域を探求する。私たちを西洋思想史の彼方に誘うユニークかつ重要な一冊。

アタリ文明論講義
ジャック・アタリ
林昌宏訳
歴史を動かすのは先を読む力だ。混迷を深める現代文明の行く末を見通し対処するにはどうすればよいのか。「欧州の知性」が危難の時代を読み解く。

時間の歴史
ジャック・アタリ
蔵持不三也訳
日時計、ゼンマイ、クオーツ等。計時具から見えてくる人間社会の変遷とは？　J・アタリが「時間と暴力」「暦と権力」の共謀関係を大柄に描く大著。

大名庭園
白幡洋三郎

小石川後楽園、浜離宮等の名園では、多種多様な社交が繰り広げられていた。競って造られた庭園の姿に迫りヨーロッパの宮殿とも比較。（尼﨑博正）

東京の地霊《ゲニウス・ロキ》
鈴木博之

日本橋室町、紀尾井町、上野の森……。その土地に堆積した数奇な歴史・固有の記憶を軸に、都内13カ所の土地を考察する「東京物語」。（藤森照信／石山修武）

空間の経験
イーフー・トゥアン
山本浩訳

人間にとって空間と場所とは何か？ それはどんな経験なのか？ 基本的なモチーフを提示する空間論の必読図書。（A・ベルク／小松和彦）

個人空間の誕生
イーフー・トゥアン
阿部一訳

広間での雑居から個室住まいへ。回し食いから個々人用食器の成立へ。多様なかたちで起こった「空間の分節化」を通覧し、近代人の意識の発生をみる。

自然の家
フランク・ロイド・ライト
富岡義人訳

いかにして人間の住まいと自然は調和をとりうるか。建築家F・L・ライトの思想と美学が凝縮された名著を新訳。最新知見をもりこんだ解説付。

マルセイユのユニテ・ダビタシオン
ル・コルビュジエ
山名善之／戸田穣訳

近代建築の巨匠による集合住宅ユニテ・ダビタシオン。そこには住宅から都市まで、ル・コルビュジエの思想が集約されていた。充実の解説付。

都市への権利
アンリ・ルフェーヴル
森本和夫訳

都市現実は我々利用者のためにある！——産業化社会に抗するシチュアシオニスム運動の中、人間の主体性に基づく都市を提唱する。（南後由和）

場所の現象学
エドワード・レルフ
高野岳彦／阿部隆／石山美也子訳

〈没場所性〉が支配する現代において〈場所のセンス再生の可能性〉はあるのか。空間創出行為を実践的に理解しようとする社会的場所論の決定版。

装飾と犯罪
アドルフ・ロース
伊藤哲夫訳

近代建築の先駆的な提唱者ロース。有名な「装飾は犯罪である」をはじめとする痛烈な文章の数々に、モダニズムの強い息吹を感じさせる代表的論考集。

ちくま学芸文庫

ナチズムの美学《びがく》　キッチュと死《し》についての考察《こうさつ》

二〇二三年一月十日　第一刷発行

著者　ソール・フリードレンダー
訳者　田中正人（たなか・まさと）
発行者　喜入冬子
発行所　株式会社　筑摩書房
東京都台東区蔵前二―五―三　〒一一一―八七五五
電話番号　〇三―五六八七―二六〇一（代表）
装幀者　安野光雅
印刷所　中央精版印刷株式会社
製本所　中央精版印刷株式会社

ISBN978-4-480-51161-4 C0122